Jürgen Staab
Suche nach einer besseren Welt
Nietzsche 2.0

AF211563

Suche nach einer besseren Welt

Nietzsche 2.0

Jürgen Staab

Bibliografische Information der Deutschen Nationalbibliothek:
Die Deutsche Nationalbibliothek verzeichnet diese Publikation
in der Deutschen Nationalbibliografie; detaillierte bibliografische Daten sind im Internet über http://dnb.dnb.de abrufbar.

Verlag: BoD · Books on Demand GmbH, In de Tarpen 42,
22848 Norderstedt, bod@bod.de

Druck: Libri Plureos GmbH, Friedensallee 273, 22763 Hamburg
ISBN: 978-3-7597-8003-4

Inhalt

I

Teil II

Teil III

Für meinen Sohn Elias und der Bewegung „Fridays for Future", die auch noch später mit ihren Familien eine lebenswerte Umwelt vorfinden sollen.

In Gedenken an Dr. Georg Werckmeister und Felix Müller, zwei Ökopioniere und Freunde, die beide 2015 leider viel zu früh verstorben sind. Ebenso in Gedenken an den genialen Erfinder und Freund Christoph H. Blömer, der 2020 verstarb. Ihre Gedanken gehen nicht verloren....

Ein besonderer Dank gilt Frau Dr. Ariane ten Hagen / Eppstein und ihrem Philosophiekreis für viele dort entwickelten tieferen Einsichten.

Und schließlich danke ich meiner Freundin Melanie für den geduldigen Umgang mit meinen Monologen.

Friedrich Nietzsche (1844 - 1900) gilt als das
„größte Ausstrahlungsphänomen der Geistesgeschichte".

Gottfried Benn, 1950[1]

Vorwort

Wir sind Klima-Quietisten[2] geworden, da viele von uns annehmen, dass es schon auch so immer weitergehen wird.

Der 2022 verstorbene französische Philosoph Bruno Latour hat bereits in einer seiner letzten Schriften 2018 kommentiert: „Trumps Hintermänner haben beschlossen, Amerika noch ein paar Jahre träumen zu lassen, um die Landung und Erdung zu verhindern und die übrigen Länder mit in den Abgrund zu reißen – womöglich für immer."[3]

Eine „Trump-Periode" kostet mittlerweile 0,1 Grad mehr menschengemachte Klimaerwärmung. Jetzt schon liegen wir oberhalb der noch einigermaßen steuerbaren 1,5 Grad-Erderwärmung. Und der weltweit größte Rückversicherer, Münchener Rück konstatiert in einer Bilanz für das Jahr 2024, dass Wirbelstürme, schwere Gewitter und Überflutungen weltweit Schäden von 320 Milliarden Dollar angerichtet haben. Damit knapp zwölf Prozent mehr als 2023 und drittteuerstes Jahr seit 1980. Und Vorstandsmitglied Blunck begründet die großen Schäden mit dem Klimawandel. So sei der Einfluss des Klimawandels bei 26 von 29 untersuchten Ereignissen nachweisbar. [4]

Während ich das Vorwort schreibe, tobt eine große Feuerkatastrophe in Los Angeles mit einem Schaden von ca. 130 Milliarden Dollar – bisher.

Viele Bürger fragen sich: Was kann man tun?

Ich selbst bin in Europa und habe allein schon, weil ich in einer reichen Gesellschaft lebe, einen hohen CO_2-Abdruck. Trotzdem versuche ich mit meinen bescheidenen Mitteln, etwas zur Verbesserung beziehungsweise zur Verringerung des Klimawandels beizutragen. So habe ich mit Kollegen vor 15 Jahren eine Energiegenossenschaft gegründet, die, bis dato über gut 500 Mitglieder finanziert, eigene Windräder und größere Photovoltaikanlagen betreibt und damit rechnerisch den Strombedarf einer Kleinstadt generiert.

Daneben habe ich 2011 die erste Monografie über Energiegenossenschaften im deutschsprachigen Raum verfasst, die, mit einem Geleitwort von dem ehemaligen Fernsehjournalisten und Buchautor Dr. Franz Alt, in bisher vier Auflagen erschienen ist.

Seit einigen Jahren beschäftige ich mich intensiv mit Friedrich Nietzsche. Und zusammen mit dem polnischen Philosophen Krzystof Michalski (1948 – 2013) bin ich davon überzeugt, dass Philosophie untrennbar mit Verantwortung verknüpft ist.[5]

Zwar bin ich ausgebildeter Diplom-Volkswirt und habe jahrelang im Bankenbereich internationaler Unternehmensberatungen gearbeitet, bevor ich mich anderen Themen im Nachhaltigkeitsbereich zuwandte. Trotzdem nehme ich für mich in Anspruch, was Paul Feyerabend in seinem 1975 herausgegebenen Klassiker „Wider den Methodenzwang"[6] beschrieben hat. Erkenntnisfortschritt kann häufig dort entstehen, wo Forscher herkömmliche, anerkannte Methoden bewusst oder unbewusst verlassen oder verletzen. Und kann man Wissenschaft nicht auch vorantreiben, indem man von unbestätigten oder sogar absurden Hypothesen ausgeht? Und vielleicht fördert n u r ein solcher Ansatz Daten zutage, welche die althergebrachten Thesen erschüttern?[7]

Und welch besseren Philosophen kann man für die Forschung heranziehen als es der Historiker Kurt Breysig in seiner Gedenkrede nach Nietzsches Tod ausdrückte, er sei „ein Führer zu einer neuen Zukunft der Menschheit gewesen, ein Mann, der seiner Bedeutung nach nur mit Buddha, Zarathustra und Jesus Christus zu vergleichen" sei.[8]

Von der ersten Idee zum Buch bis zur Erstellung habe ich wieder einmal von 2022 bis 2025 gut drei Jahre gebraucht. Und sicherlich wird es weitere Bücher von mir geben, sofern mir nicht die Themen ausgehen...
Gerne stehe ich auch wieder für Fragen, Kritik und Anregungen zur Verfügung.

Eppstein im Taunus, 12. Januar 2025

Teil I

Kapitel 1

Das kranke System

Klimawandel, Artensterben, Ressourcenknappheit /
Finanzwesen, Gesundheit, Digitalisierung /
Staatsverfassungen /
Wachstumswahn, Übernutzung[9]

„Es ist an der Zeit, dass der Mensch sich sein Ziel stecke. Es ist an der Zeit, dass der Mensch den Keim seiner höchsten Hoffnung pflanze.

Noch ist sein Boden dazu reich genug. Aber dieser Boden wird einst arm und zahm sein, und kein hoher Baum wird mehr aus ihm wachsen können.

Wehe! Es kommt die Zeit, wo der Mensch nicht mehr den Pfeil seiner Sehnsucht über den Menschen hinaus wirft, und die Sehne seines Bogens verlernt hat, zu schwirren! Ich sage euch: man muss noch Chaos in sich haben, um einen tanzenden Stern gebären zu können. Ich sage euch: ihr habt noch Chaos in euch."

Friedrich Nietzsche, Also sprach Zarathustra, Anaconda Verlag GmbH, Köln 2005, S. 11

„Wir sind die erste Generation, die den Klimawandel zu spüren bekommt, und die letzte, die ihn noch aufhalten kann", Barack Obama[10]

Im Jahre 1972 hatte Co-Autor Dennis Meadows in der Studie mit dem Titel „Die Grenzen des Wachstums" bereits nicht nur über die Zukunft der Umwelt prognostiziert, sondern auch menschliches Verhalten analysiert.

Der menschengemachte **Klimawandel** wurde bereits vor über 50 Jahren in die Öffentlichkeit getragen. Neben den bekannten Ursachen und ihrer Abhilfe durch den Umbau unserer Energiesysteme und einer grundlegenden Revision unseres Wirtschaftens steht sich der Mensch dabei weitestgehend selbst im Wege.

Wie wir es erreichen können, dass der Mensch doch noch in diesen und auch weiteren Fragen umsteuern kann, darum soll es in diesem Buch gehen.

Dennis Meadows äußerte sich in DIE ZEIT vom 6. Oktober 2022 das letzte Mal über den menschengemachten Klimawandel.[11]

Warum?

Meadows: „Mit acht Milliarden Menschen auf dem Planeten in seinem heruntergekommenen Zustand, dazu mit unseren Zielen von Gleichheit und Wohlstand, gibt es keine realistischen und attraktiven Szenarios. Darin liegt ja meine Frustration. Und deshalb ist dies auch mein letztes Interview über die Grenzen des Wachstums."[12]

Meine Generation, ich bin 1967 geboren, hatte das Glück, in einer Zeit zu leben, die für die weißen, reichen Länder phänomenal war. Auch nach Meadows geht diese Zeit vorbei[13], denn irgendwann fehle das Kapital, um das Wachstum aufrechtzuerhalten, und ab einem gewissen Punkt höre das Wachstum dann auf. In dieser Phase seien wir jetzt, auch wenn das noch zugedeckt würde von aktuellen Fragen.

Die Klimawissenschaftler rechnen daher für die Zukunft weltweit mit bislang unvorstellbaren Hungersnöten. Die möglichen Folgen ließ bereits ein Blick auf die Jahre 2010 und 2011 erahnen. Damals litt Russland, drittgrößter Getreideexporteur der Welt, unter einer Hitzewelle. Trockenheit und Flächenbrände vernichteten rund 30 Prozent der Weizenernte. Die Regierung erließ ein Ausfuhrverbot und der Weltmarktpreis schoss in die Höhe. In den Monaten darauf kam es in zahlreichen afrikanischen Ländern Afrikas und des Nahen Ostens zu Unruhen, weil Lebensmittel für viele Menschen plötzlich zu teuer wurden.[14] Und heute, während ich diese Zeilen im Februar 2024 schreibe, tobt der russische Angriffskrieg gegen die Ukraine, beides Länder, die über sehr fruchtbares Land verfügen. Leidtragende sind insbesondere viele afrikanische Länder, was auch deren Zurückhaltung in der Verurteilung Russlands erklärt.

So haben sich die Zahlen der Hungernden gerade zu Zeiten der Corona-Pandemie wieder stark erhöht. Circa jeder zehnte Erdenbürger hat aktuell nicht genug zu essen. Und eigentlich wollte die Welt den Hunger bis 2030 besiegt haben. Als jüngste Ursache der Ernährungskrise standen zu Beginn des Angriffskriegs Russlands auf die Ukraine in der deutschen Öffentlichkeit vor allem Bilder von festgesetzten Frachtern mit Getreide aus der Ukraine. Dabei ist Moskaus Machtspiel mit dem Getreide nur ein Verstärker des schon länger bestehenden Problems. Denn Waffengewalt ist laut dem Welternährungsprogramm das größte Hindernis im Kampf gegen den Hunger, denn fast 60 Prozent der Hungernden leben in Kriegsregionen, Syrien, Jemen, Sudan, Äthiopien und Afghanistan.[15]

Weitere Ursachen des Nahrungsmangels sind die ungerechte Verteilung und die Verschwendung von Lebensmitteln. Zuletzt hat die Corona-Pandemie Transportwege blockiert und verhindert, dass die Bauern ihre Erzeugnisse zu den Märkten bringen oder Saatgut kaufen konnten. Und Rückschläge gibt es auch in dem Bemühen, die Kleinbauern in globale Lieferketten zu integrieren. Damit wurde durch Pandemie und Ukrainekrieg überdeutlich, wie bedrohlich hoch die Abhängigkeit vieler Länder vom Import weniger Grundnahrungs- und auch Düngemittel ist.[16]

Auch die Ursachen des Bürgerkriegs in Syrien liegen im fortschreitenden Klimawandel begründet. Zwischen 2006 und 2011 herrschte dort auf dem Land eine große Dürre. Dies hatte zur Folge, dass die Landbevölkerung ihr Heil in den Städten suchten. Dort gab es aber auch keine Arbeit, so dass – zusammen mit dem aufkommenden arabischen Frühling – die Bevölkerung gegen die Diktatur aufbegehrte. Daraufhin wurden viele Menschen verhaftet, gefoltert und getötet. Diese Unruhe hat sich dann bis auf fast ganz Syrien ausgebreitet. Daher sind die Syrer die vermutlich ersten Klimaflüchtlinge in großer Zahl![17]

Insbesondere viele Agrarwissenschaftler gehen davon aus, dass aufgrund der weltweiten Degradation der Böden nur noch 30 bis 50 Ernten in nennenswerter Höhe möglich sind.

Ein „Day Zero" beschreibt die Situation, wenn ein Landstrich oder noch schlimmer, eine Großstadt den ersten Tag erlebt, zu dem kein Wasser mehr verfügbar ist.

Weltweit beobachtet und beschrieben hat diese Situation der britische Umweltjournalist Tim Smedley in „Die Grosse Trockenheit".[18] So stehen beispielsweise die Menschen im afrikanischen Burkina Faso 72 Stunden an einem Brunnen an. Ihr Leben dreht sich nur noch um einen Wasserzugang.[19]

Ich selbst entstamme einem kleinen Spessartdorf im Main-Kinzig-Kreis, eigentlich zwischen dem hessischen Spessart und dem Vogelsberg gelegen. Da die Stadt Frankfurt schon viele Jahrzehnte mittels Brunnen sehr viel Wasser insbesondere aus dem Vogelsberg abpumpt, können Betreiber kleiner Wasserkraftwerke aufgrund der damit verbundenen geringeren Fließmenge beim Oberflächenwasser diese nicht mehr auskömmlich betreiben. Ein Betreiber hatte mir daher vor circa fünf Jahren einmal einen kleinen Beratungsauftrag zum Generieren von Fördermitteln gegeben. Meine Aufgabe war, ein Gutachten mit zu finanzieren, dass die Umgebung dieser Brunnen analysiert. Nach vielen Anrufen bei Ämtern aber auch beim zuständigen Regierungspräsidium in Darmstadt hatte ich immer wieder die Auskunft erhalten, dass die Zuständigen für Oberflächenwasser und Grundwasser unterschiedliche Behörden und damit auch unterschiedliche Personen waren. So ging mein Beratungsauftrag gänzlich dafür drauf, dass ich sowohl den Wasserversorgern wie auch Behörden, die die Fördermitteltöpfe bewachten, immer wieder erklären musste, wie Oberflächenwasser und Grundwasser miteinander zusammenhängen. Und tatsächlich konnte ich es Jahre später in dem bereits erwähnten populärwissenschaftlichen Buch von Tim Smedley in vielen Beispielen nachlesen. So gibt es sogar nach Smedley - in seinem

Heimatland Großbritannien beobachtet - eine Formel für den Zusammenhang von Oberflächen- zu Grundwasser: Ein 10 prozentiger höherer Grundwasserspiegel oberhalb der Talsohle entspricht 25 Prozent mehr Wasser im Fluss. Und die in den Neunziger Jahren verbreitete Auffassung, dass es keine Belege für einen Zusammenhang zwischen der Grundwasserentnahme und den niedrigen Durchflussmengen gebe, bezeichnet der zuständige Wissenschaftler als „totalen Stuss".[20]

Jedenfalls wird die Wasserentnahme der Großstadt Frankfurt weiterhin für starke Veränderungen nicht nur der Fließmenge der dortigen Flüsse sondern auch zu damit verbundenen Veränderungen oder Schädigungen der Flora und Fauna auf dem ehemaligen Vulkankegel Vogelsberg führen. Ausgetrocknete und nicht mehr bestellbare Felder sind die Folge verbunden mit vertrockneten Bäumen und Aussterben der Fische in den Fließgewässern. Mein Auftraggeber, der neben den kleinen Wasserkraftwerken auch Windmühlen betreibt, ist mittlerweile verstorben. Die regionale Presse hat sich neuerdings mit meinen damaligen Themen befasst, Lösungen sind nicht in Sicht...

Neben dem direkten Wasserverbrauch macht in den Industrieländern aber der importierte Wasserverbrauch einen viel höheren Wert aus. Dieser Mehrverbrauch ist wesentlich höher als der Verbrauch in den jeweiligen Ländern.

Während der Apfel (200 Gramm) für 140 Liter Wasser zu haben ist, sind für die Tasse Kaffee (12 Gramm gemahlene Bohnen) bereits 252 Liter fällig. Das Rindersteak (ebenfalls 200 Gramm) muss aber mit sage und schreibe 3098 Liter Wasser herangezüchtet werden.[21]

Daher macht das Wasser aus der Leitung, das wir zuhause verbrauchen - zum Beispiel fürs Duschen, Kochen und Putzen - nur ein Prozent unseres tatsächlichen Wasserabdrucks aus.[22]

Und wenn man sich noch vorstellt, dass viele unserer Lebensmittel in Entwicklungs- oder Schwellenländern hergestellt werden, die noch viel stärker als in dem - immer noch - recht regenreichen Nordeuropa unter Trockenheit leiden, dann wird einem die Brisanz mit den Folgen wie Migrationsbewegungen aus diesen Ländern schnell klar.

Und aufgrund des durch die Klimakrise zu erwartenden Meeresspiegelanstieges werden darüber hinaus unübersichtliche Wanderungsbewegungen einsetzen, ganze Staaten werden so im Meer und Chaos versinken. Nachlesbar war diese Prognose bereits 2008 in dem Buch des Soziologen Harald Welzer, „Klimakriege".[23]

Eine neuere Zusammenstellung mit den Folgen des Klimawandels findet sich in dem 2019 in New York erschienenen Buch „The Uninhabitable Earth - Life after Warming", von David Wallace-Wells.

Neben einem umfassenden Umbau der fossilen Energiesysteme wie auch der fossilen Industrie hin zu erneuerbaren Energien, was sehr rasch geschehen muss, sollten auch insbesondere die Menschen in den Industrieländern ihre Heiz- und Mobilitätsaktivitäten überprüfen. Dabei verweisen viele Bewohner der Industrieländer auf den starken Bevölkerungsanstieg speziell im subsaharischen Afrika. Tatsächlich haben aber die Industrieländer USA, China und Deutschland laut einer Übersicht in DIE ZEIT einen Anteil aller CO2-Emmisionen von 1751 bis 2021 von anteilig 24,29 Prozent, 14,36 und 5,37 Prozent. Ein großes Land wie Indien mit seinen rund 1,5 Milliarden Einwohner hat mit 3,29 Prozent einen vergleichsweise niedrigen CO_2-Ausstoss im Zeitverlauf. [24]

Allerdings wird das Bevölkerungswachstum in den nächsten Jahren dafür sorgen, dass die Emissionen noch stark anwachsen müssten. Denn die Kinderrate würde zwar mit steigendem Wohlstand speziell in den afrikanischen Staaten geringer. Aber der steigende Wohlstand würde wiederum den CO_2-Abdruck der Menschen in diesen Ländern erhöhen. Dieses Dilemma lässt sich meines Erachtens nur so auflösen, dass sowohl in den Industrieländern wie auch den Entwicklungs- und Schwellenländern sofort der CO_2-Ausstoß stark eingedämmt werden müsste. So hätte ein afrikanisches Land mit einer fast nicht vorhandenen Stromverteilinfrastruktur die Chance, sofort - gerade im ländlichen Bereich - sogenannte Inselsysteme zu etablieren, die auf Wind- und Sonnenbasis ergänzt mit Speichern ohne ein größeres Verteilnetz über viele Hundert Kilometer auskommen könnte.

Wer dabei allerdings dabei den Bau neuer Atomkraftwerke in Betracht ziehen sollte, muss erkennen, dass Atomkraft laut des sogar eher konservativen Magazins FOCUS mit Abstand (34 Cent je Kilowattstunde) die teuerste Stromerzeugungsform darstellt. Vergleichsweise günstig ist Strom aus Windkraft Onshore und Photovoltaik mit sechs beziehungsweise neun Cent die Kilowattstunde.[25]

Einen ehemaliger Atommanager von Siemens, der mir gut bekannte Gerhard Eckert, der es wissen müsste, hat in seiner sehr interessanten Autobiografie in seinem langen Berufsweg als Ingenieur von 1965 bis 1998 die Atomenergie fasziniert und auch gleichzeitig frustriert. Nach seiner Ansicht hat dafür, dass die Atomenergie einst in vielen Ländern als herausragender Weg für deren Stromversorgung angesehen wurde, nur eine phänomenal kurze Epoche angehalten. Nach seiner Einschätzung hat die Atomenergie keine Chance mehr, nennenswert zur Energieversorgung der Welt beizutragen, seitdem die großen Risiken zunächst nach dem Störfall in Harrisburg, spätestens aber nach der Katastrophe in Tschernobyl, weltweit jedermann und nicht mehr nur Fachleuten bewusstwurden. Und es hätte eigentlich des noch katastrophaleren Unfalls 2011 in den Reaktorblöcken von Fukushima in Japan gar nicht mehr bedurft. Weltweit sei unabhängig von diesen Unglücksfällen obendrein noch kein Weg gefunden worden, die tausenden Tonnen radioaktiven Abfalls sicher zu lagern. Wenn schließlich doch Lagerstätten eingerichtet würden, müssten sich unsere Nachfahren noch viele Generationen lang um den atomaren Müll kümmern, weil dieser radioaktiv strahlt und immer noch ungewünscht Energie in Form von Wärme abgebe, die die Umwelt aufheize.[26]

Ebenso möchte sich Gerhard Eckert nicht vertieft mit der zunehmenden Gefahr terroristischer Angriffe auf die digitalen Sicherheitssysteme der Atomkraftwerke auseinandersetzen. Denn ob es gelänge, jenes Risiko mit genügender Sicherheit auszuschließen, könne man daran abschätzen, wie verlässlich feindliche Eingriffe in andere Zweige der digitalen Welt heute und künftig abgewehrt werden können. Dabei seien die älteren und nicht modernisierten Kraftwerke, was merkwürdig klänge, deswegen gegen Cyberangriffe weniger gefährdet.[27]

Dabei wisse Gerhard Eckert, dass es in all den Ländern, die sich von der Kernenergie abhängig gemacht haben, schwerfällt, diesen Gedankengängen zu folgen. Vor allem Frankreich, aber auch China und Japan, die nicht unerheblich von Atomenergie abhängig seien. In der freien Wirtschaft würden neue Projekte aber daran scheitern, dass sie wegen der hohen Stromerzeugungskosten aus „theoretisch sicherer und klimafreundlicher" Atomenergie den Wettbewerb mit dem regenerativ erzeugten Strom bereits verloren hätten.[28] Doch werden noch vereinzelt Atomkraftwerke gebaut, wie das mittlerweile von dem französischen Unternehmen Areva allein fertiggebaute Atomkraftwerk in Finnland. Die Eckdaten dieses desaströsen Projekts lauten: geplante Kosten von drei Milliarden Euro, Bauzeit fünf Jahre.[29] Tatsächlich ist das Atomkraftwerk mit zwölf Jahren Verspätung im April 2023 in Betrieb gegangen. Gekostet hat die Anlage elf Milliarden Euro und es gilt als der stärkste Atommeiler in Europa mit 1.600 Megawatt. Finnland ist jedoch das erste Land, das mit einer Endlagersuche erfolgreich war. Es liegt unter der Halbinsel Olkiluoto. Weltweit gibt es noch kein einziges nutzbares Endlager für den gefährlichen Nachlass der Kernkraftwerke. In Deutschland läuft die Suche nach einem Standort in der Anfangsphase. Und die Schweiz hat sich beispielsweise bereits auf einen Standort nahe der deutschen Grenze weitgehend festgelegt.[30]

Aber diese auch im atomaren Bereich zentralistischen Konzernstrukturen mit Großkraftwerken und einigen wenigen starken Leitungen passen nicht zu einer dezentralen und digitalen Erneuerbare-Energien-Welt.[31]

Sollten wir den Klimawandel weltweit nicht in den Griff bekommen, drohen Missernten, Mega-Hurrikans und damit verbunden die bereits beschriebenen Flüchtlingsströme von riesigem Ausmaß. Diese Folgen werden auch Deutschland treffen. Und es stellt sich die Frage, ob auch wir 2050 eigentlich noch genügend zu essen haben werden. Klimawissenschaftler rechnen für die Zukunft mit bislang unvorstellbaren Hungersnöten. Für die großen „Kornkammern", die unter anderem im Mittleren Westen der USA und in Osteuropa liegen, sind insbesondere die zu erwartenden längeren Hitzewellen und die damit verbundene Trockenheit ein hochgradiges Risiko.[32]

Um die oben aufgeführten Entwicklungen abzuschätzen, hat sich ein neuer Bereich in der Wissenschaft entwickelt, die sogenannte Zuordnungswissenschaft, oder Attribution Science. Die deutsche Physikerin Friederike Otto zählt zu einer Handvoll Wissenschaftlern weltweit, die in Echtzeit berechnen können, wie viel Klimawandel in unserem Wetter steckt.[33]

Die Zuordnungswissenschaft, die hauptsächlich physische Daten auswertet, simuliert den Verlauf von Katastrophen, indem sie so tut, als hätte es den Klimawandel nicht gegeben. Die Differenz der Schäden mit Berücksichtigung einer Welt ohne menschengemachten Klimawandel im Vergleich zu den tatsächlich entstandenen Schäden lässt dann auf den Einfluss des menschengemachten Klimawandels in bestimmten Weltgegenden mit bestimmten eingetretenen Schäden erkennen.

In ihrem 2023 erschienenen Buch „Klimaungerechtigkeit" schreibt Otto, dass jedes Zehntel Grad globaler Erwärmung zu immer größeren Schäden und Verlusten führt, aber *wer* diese spürt und *wie*, hänge nur zu einem geringen Teil vom Wetter und Klima ab.[34] Und wer Extremwetterereignisse erforscht, schaue wie durch ein Brennglas auf Gesellschaften. Allein das Feld der Klimawissenschaften sei von weißen Männern dominiert, und heute führe die Vernachlässigung der Mehrheit der Weltbevölkerung dazu, dass genau diese auch am stärksten unter der Klimakrise leide.[35] Und wie viele Menschenleben, wie viele Korallenriffe, wie viele Insekten lassen wir uns die kurzfristige Weiternutzung vergleichsweise billiger fossiler Brennstoffe im Globalen Norden noch kosten? Denn je reicher wir sind und je privilegierter wir leben, desto weniger anfällig sind wir für die physischen Folgen der Erderwärmung. So, wie die Covid-Pandemie soziale Probleme verschärfte, so vertieft der Klimawandel die existierende Ungleichheit bis hin zu Konflikten und Krieg. Und in der Summe macht der Klimawandel vor allem eins: Er beschneidet grundlegende Rechte, wie das Recht auf Leben und Freiheit, das Recht zur Freizügigkeit, das Recht auf Eigentum und auf soziale Sicherheit, das Recht auf Wohlfahrt und nicht zuletzt die Freiheit des Kulturlebens. All dies sind universell gültige Menschenrechte.[36]

Neben der Gefahr von Hitzewellen, Überflutungen, Stürmen und sonstigen Katastrophen ist global jeder sechste Todesfall durch Verschmutzung - beispielsweise Luft- und Bleiverschmutzung - mitverursacht. Autos haben wohl eine Lobby, unsere Lungen nicht.[37]

Hierbei sollte ebenfalls der verbrecherische Angriffskrieg Russlands auf die Ukraine nicht unerwähnt bleiben, der neben den menschlichen Katastrophen auch Verbrechen gegen die Natur beinhaltet. Dabei könnte der Krieg in der Ukraine der erste sein, in dem Umweltverbrechen nahezu vollständig erfasst werden. Denn bisher sind einige der wichtigsten Ökosysteme des Planeten stark durch Kampfeinsätze beeinträchtigt worden. So sind allein von 1950 bis 2000 weltweit mehr als 80 Prozent der größten bewaffneten Konflikte in Biodiversitäts-Hotspots vonstattengegangen. Kriege zerstören neben Leben auch Lebensräume.[38]

Die ukrainische Regierung schätzt allein die Umweltschäden durch die Zerstörung des Nowa-Kachowka-Staudamms auf knapp 1,4 Milliarden Euro. Tonnenweise floss Öl in den Fluss Dnipro und Landminen trieben bis ins Schwarze Meer.[39] Aber da es keine Grenze für Umweltvergehen und deren Auswirkungen gibt, wird sich auch Europa mit den Folgen auseinanderzusetzen haben.

Eine der größten Auswirkungen des Ukrainekriegs hatten die Angriffe auf Kraftwerke, Fabriken und Chemikalienlager. Dies hat dazu geführt, dass gefährliche Schadstoffe und giftige Chemikalien freigesetzt wurden, die Wasser, Boden und Luft verpesten und damit eine Gefahr für die menschliche Gesundheit und Umwelt beinhalten. Außerdem sind zehntausende Hektar Wald verbrannt, Kiefern, Espen, Birken, Eichen und Fichten. Neben dem Verlust dieser Bäume bedeutet das circa 470.000 Tonnen CO_2, die in die Atmosphäre gelangt sind. Und die wissenschaftliche Mitarbeiterin aus der Ukraine, Maria Fedoruk, die als ökologische Ökonomin beim Forschungs- und Transferzentrum Nachhaltigkeit und Klimafolgenmanagement das Projekt „Ukraine-Nature" in Hamburg-Bergedorf betreut, spricht von „Verbrechen", weil sie davon überzeugt ist, dass die russische Armee gezielt die Natur zerstört, um Menschen die Lebensgrundlage zu rauben. Im Krieg, weil sie dann keine Pilze, keine Beeren und kein Feuerholz mehr sammeln können. Und nach dem Krieg, weil sie nicht dorthin zurückkehren, wo nicht mal mehr ein Baum steht, wo in verseuchter Erde nichts mehr wachsen und niemand mehr Wasser trinken kann.[40]

Angesichts der anstehenden zu lösenden Probleme macht dieser sinnlose Krieg nur fassungslos und traurig. Und während ich diese Zeilen schreibe, überlegt man in den westlichen Ländern, USA und Europa, ob man eingefrorene Vermögenswerte Russlands der Ukraine zur Verfügung stellen soll. Meiner Ansicht nach eine völlig richtige Entscheidung, um neben der Verteidigungsfähigkeit auch Sorge zu tragen, dass die Ukraine genügend Geldmittel erhält, um die beispiellosen Schäden, man spricht von bis dato circa 500 Milliarden Euro, zumindest in Teilen wieder beheben zu können.

Der ein oder andere Wissenschaftler geht davon aus, dass bei der Triple-Krise **Artensterben**, Klimawandel und Pandemien der bereits beschriebene Klimawandel noch harmlos gegenüber dem flächendeckenden Artensterben erscheint. Natürlich hängt Alles mit Allem zusammen. Aber das Albert Einstein zugesprochene Zitat, "wenn die Biene einmal von der Erde verschwindet, hat der Mensch nur noch vier Jahre zu leben. Keine Bienen mehr, keine Bestäubung mehr, keine Pflanzen mehr, keine Tiere mehr, kein Mensch mehr"[41], ist durchaus jetzt schon, obwohl die Biene unter Artenschutz steht, in vielen Ländern spürbar.

Bereits 1963 warnte Rachel Carson in ihrem Buch „Der stumme Frühling" davor, dass wir unserem Planeten großen Schaden zufügen. Carson würde verzweifeln, wenn sie heute sähe, dass es noch viel schlimmer geworden ist, als sie es vorhergesehen hatte. Lebensräume von Insekten, Heuwiesen, Sumpfgebiete, Heideland und tropische Wälder wurden in großem Maßstab niedergebrannt, kaputt gepflügt oder von Bulldozern platt gewalzt. Pestizide und Düngemittel, die Carson schon damals erwähnte, sind noch viel stärker eingesetzt, und weltweit geraten dabei alljährlich drei Millionen Tonnen Pestizide in die Umwelt. Einige dieser neu angewandten Pestizide sind tausendfach toxischer als sämtliche Schädlingsbekämpfungsmittel, die es zu Carsons Lebzeiten gab. Die Bodenqualität hat sich verschlechtert, Flüsse ersticken im Schlick und wurden mit Chemikalien verseucht.[42]

Wenn die kleinen Krabbler fehlen, ist das Wohl der gesamten Menschheit bedroht, weil die Insekten unsere Nutzpflanzen bestäuben, Dung, Laub und Leichen kompostieren, den Boden gesund erhalten, Schädlinge vertilgen und vieles mehr. Und zahllose größere Tiere wie etwa Vögel, Fische und Frösche ernähren sich von Insekten.[43] So haben wir auch deswegen seit 1800 etwa 80 Prozent der heimischen Vögel verloren, nachdem auch 80 Prozent der bei uns heimischen Insekten bereits verschwunden waren, rechnen uns Experten vor. Dabei ist die biologische Vielfalt schon heute auf knapp 60 Prozent der Erdoberfläche so geschrumpft, dass die Ökosysteme nicht mehr richtig funktionieren können.[44]

Auch wir sind eine Spezies, wir sind Primaten, und damit evolutionäre Erben einer sehr speziellen Gruppe von Säugetieren, die ebenso vom Ende der Dinosaurier profitiert haben dürfte wie von globalen Umweltveränderungen zu Beginn der Erdneuzeit. Und als Verwandtschaft zu den Nagern gehören wir zu den großen Erfolgsgeschichten in der Welt der Säugetiere. Und zu diesen heimlichen Herrschern gehören vor allem Mäuse und Ratten, die uns evolutiv durchaus nahestehen und uns einmal beerben könnten. Und als Kinder der Kreidezeit erhielten nach dem Meteoriteneinschlag vor circa 65 Millionen Jahren im Schatten der Dinosaurier lebenden Säugetiere ihre evolutive Chance. Und das Nächtliche ihrer Lebensweise hat ohne Zweifel dazu beigetragen, das viele Säugetiere die Katastrophe überlebten; anders als viele der unmittelbar vom Sonnenlicht abhängigen Reptilien. Denn tatsächlich begannen die Säugetiere erst nachaktiv zu werden, nachdem die Dinosaurier verschwunden waren.[45]

Die Wiege für diese ungeschwänzten Affen war, nachdem sie sich von den geschwänzten Altweltaffen getrennt hatten, in den Wäldern. Und vor circa 30 Millionen Jahren haben sich aus diesen Menschenartigen, aus denen sich schließlich neben den Gibbons und unseren nächsten Verwandten, den großen

Menschenaffen wie Orang-Utan, Gorilla und Schimpanse letztlich auch die Vorfahren des Menschen entwickelt.[46]

Kein Zweifel, wir sind nicht mehr als ein nackter Affe.[47]

Wie Tiere mit Hufen und Flossen auf jeweils ihren Lebensraum passen, so fühlt sich der aufrecht gehende Mensch in einer offenen, leicht hügeligen Savannenlandschaft mit lockerem Baumbewuchs entlang eines Flusses am wohlsten. Denn sind wir am Wasser, sind wir glücklich. Und laut einer aktuellen Umfrage im Auftrag der Bundesregierung gehört für 94 Prozent der erwachsenen Deutschen die Natur zu einem guten Leben dazu. Und mit der Nähe zu Grünanlagen oder dem nächsten Park wächst die Lebenszufriedenheit und es verringert sich das Gesundheitsrisiko. So ist in diesem Sinne die Natur wie Musik: Sie läuft quasi im Hintergrund mit, zerstreut Sorgen und beflügelt uns mit ihrem Rhythmus.[48]

Aber wir sind bereits in der Zerstörung dieses unseres Lebensraums schon weit fortgeschritten.

Bei Heidegger gibt es in „65 Beiträge zur Philosophie (vom Ereignis)" im Kapitel „Der Sprung" eine von ihm zwischen 1936 und 1938 aufgeschriebene Passage, die wie ein Aufschrei wirkt:[49]

„Die Natur und die Erde.

Die Natur, herausgesondert aus dem Seienden durch die Natur-Wissenschaft, was geschieht ihr durch die Technik? Die wachsende oder besser einfach zu ihrem Ende abrollende Zerstörung der ‚Natur'. Was war sie einst? Die Stätte des Augenblicks der Ankunft und des Aufenthalts der Götter, als sie, noch Physis, in der Wesung des Seyns selbst ruhte.

Seitdem wurde sie alsbald ein *Seiendes* und dann gar das Gegenteil zur ‚Gnade' und nach dieser Absetzung vollends herausgesetzt in die Verzwingung der berechnenden Machenschaft und Wissenschaft.

Und schließlich blieb noch ‚Landschaft' und Erholungsgelegenheit und dies jetzt auch noch ins Riesenhafte gerechnet und für die Massen zugerichtet. Und dann? Ist dies das Ende?

Warum schweigt die Erde bei dieser Zerstörung? (...)"

Zwar hat es der österreichische Philosoph Karl Popper einmal als unredlich bezeichnet, wenn Philosophen wie Hegel und Heidegger sich so dunkel ausdrücken, dass man sie nicht eindeutig verstehen, damit auch nicht eindeutig widerlegen kann. Aber hier ist bei obigen Passagen ein prophetischer Vorausblick gelungen, der für die damalige Zeit sicherlich einzigartig war.[50]

Neben der schon beschriebenen **Ressourcenknappheit** beim Wasser gibt es die größte Dringlichkeit, auch die Stoffsysteme auf CO_2-Neutralität schnellstens umzustellen.

So kann ein sinnvoller Einsatz von biogenen Werkstoffen von zum Beispiel Biokunststoffen, einen Beitrag zur Schonung endlicher Ressourcen wie Öl, Gas und Kohle leisten. Dabei ist der stoffliche Einsatz genauso von Wichtigkeit wie eine nachgelagerte energetische Nutzung. Außerdem sollte bei den Stoffströmen auch die Dezentralität beachtet werden, wodurch sich neue Nutzungsformen entwickeln können. Und die werkstoffliche Nutzung biogener Materialien unterschiedlichster chemischer Familien ist ein weites Feld, wie zum Beispiel Proteine, Kohlenhydrate und Fette. Hinzu kommen Mischungen biogener Werkstoffe mit anderen biogenen aber auch nichtbiogenen Materialien. Und schaut man sich die Stoffströme im Einzelnen an, macht Abfall aus Steinkohle, Rohöl, Zement und Getreide mit laut Weltbank derzeit zwei Milliarden Tonnen Müll pro Jahr weltweit aus und wird bis 2050 auf 3,4 Milliarden Tonnen ansteigen. Davon bilden Kunststoffe mit 280 Millionen Tonnen nur einen geringen Teil, aber aufgrund der langsameren Verrottung ist er überall als Abfall sichtbar.[51]

Und fünf Prozent der CO_2-Emissionen weltweit entfallen damit auf die Plastikproduktion. Das ist mehr als der Flugverkehr! Und bei den derzeitigen Wachstumsraten könnte dieser Anteil bis zum Jahr 2050 auf 15 Prozent steigen. Damit verbraucht die globale Kunststoffproduktion heute circa 12 Prozent allen verbrauchten Öls und 8,5 Prozent des Erdgases. Und in Deutschland gibt es ein Plastik-Paradoxon: Fast alle Kunststoffabfälle werden verwertet, aber nur wenig davon wird richtig wiederaufbereitet. Und tatsächlich werden mehr als 99 Prozent von den jährlich sechs Millionen Tonnen in Deutschland „verwertet". Doch die von der Kunststoffindustrie angepriesene „Kreislaufwirtschaft mit Kunststoffen" funktioniert nur bei einem Bruchteil des Abfalls. Denn knapp zwei Drittel von ihm werden verbrannt, und nur ein Drittel wird überwiegend „wertstofflich verwertet". Recycling ist das aber nur, wenn zum Beispiel reiner Kunststoff wie der einer Einweg-Plastikflasche aus PET geschreddert wird, um daraus wieder Flaschen herzustellen. Eine Abwärtsspirale oder Downcycling beschreibt hingegen gemischter Plastikmüll, der beispielsweise zu grauen Wasserrohren wird, wie aus dem Baumarkt bekannt. Denn Kunststoffprodukte sind selten fürs Recycling entworfen, da sie oft aus mehreren Materialien bestehen, sind verklebt, bedruckt und kaum zu trennen. Diesen Müllmix zu sortieren, ist teuer, da gleichzeitig konkurrenzlos billiges Neuplastik verfügbar ist. Dieses im Jargon der Sprache „Virgin Plastic" bezeichnete Material soll in Zukunft mit einer Plastiksteuer versehen werden, um den Einsatz von Recyklaten attraktiver zu machen. Der Start dafür wurde schon einmal verschoben, nun hat die Bundesregierung sie für Anfang 2025 angekündigt. Parallel dazu zerlegen Forscher Plastikmüll in seine chemischen Bestandteile. Dabei werden die langen Polymerketten in Öle und Gase aufgebrochen, aus denen dann neue Kunststoffe hergestellt werden können. Diese im Fachjargon „rohstoffliche Verwertung" genannte Vorgehensweise soll durch neue biologische Verfahren viel energiesparender gelingen. Aber am erfolgversprechendsten scheint es, neue Techniken mit strengeren Regeln zu kombinieren. Will heißen, so wenig Plastik wie möglich produzieren und das, was unbedingt benötigt wird, so klug wie es geht herstellen. Nur dann könnten sogar die Plastik-Emissionen sinken.[52]

Abfälle in der Zivilisation verrotten in der Natur sehr langsam, oder gar nicht. Auch hier ist eine Kunststoffverbindung, das Styropor, das zwar zu 98 Prozent aus Luft besteht, mit circa 6.000 Jahren Verrottungsdauer Rekordhalter, was der zweiprozentige Plastikanteil zu verantworten hat. Aber auch Plastik- und PET-Flaschen, die nicht aus abbaubaren Polymeren bestehen, sind mit 450 bis 5.000 Jahren Lebensdauer recht robust. Und ein Autoreifen, in dem Gummi, Stahl und Textilien, aber auch Weichmacher enthalten ist, bringt es auf 2.000 Jahre. Ungewöhnlich lange vermodert eine Bananenschale, bis zu fünf Jahre, und selten sauber, weil sie oft mit Spritzmitteln belastet ist. Und zumindest Zeitungspapier macht ökologisch wenig Probleme und ist biologisch nach spätestens drei Jahren abgebaut.[53]

Große Mengen Ressourcen werden beim Bau von Gebäuden gebraucht. Allein die sehr energieintensive Zementherstellung macht mit über vier Milliarden Tonnen weltweit einen CO_2-Ausstoss von circa 2,4 Milliarden Tonnen aus. Damit ist sie mit einem Anteil von acht Prozent am Gesamtausstoß dreimal höher als die Luftfahrtindustrie.[54]

Vieles, was an Müll produziert wird, landet über kurz oder lang in den Weltmeeren. Die Meeresoberfläche, die zwei Drittel der Erde bedeckt, nimmt einen großen Teil davon auf. So gibt es im Meer fünf große Müllstrudel, der größte davon hat die Fläche Europas. In 2050, so wird angenommen, werden mehr Plastikteile als Fische in den Meeren schwimmen.[55] Über kurz oder lang landet alles in der Nahrungskette und damit auch beim Menschen. So nimmt der Mensch jetzt schon so viel Plastik auf, wie in einer Kreditkarte steckt – und zwar jede Woche. Dann mal einen guten Appetit!

Im **Finanzwesen** hat es in der Vergangenheit immer wieder Krisen gegeben. So hat die Subprime-Krise der Jahre 2008 bis 2009 den Bankensektor und damit auch die gesamte Weltwirtschaft ins Wanken gebracht. Hintergrund dafür war der Handel mit Kreditportfolios, die ungeachtet des sehr guten Ratings namhafter Ratingagenturen wie zum Beispiel Standard & Poors, Moodys und Fitch, wegen ihrer hohen Ausfallrisiken beinahe zum Kollaps der gesamten Weltwirtschaft geführt hat. Auch ich war damals bei einem sehr großen Kommunaldarlehenfinanzierer beschäftigt, einer französisch- belgischen Großbank mit Filialbetrieb in Frankfurt am Main. Ich war gerade kurz vor Beginn der Krise im Herbst 2008 als Relationship-Manager dorthin gewechselt. Da es kurz nach meiner Einstellung nicht mehr möglich war, auf dem ausgetrockneten Refinanzierungsmarkt Neueindeckungen vorzunehmen, musste die Bank wegen Illiquidität vom belgischen und französischen Staat übernommen werden. So war ich nach kurzer Zeit wieder meine recht gut dotierte

Stelle los. Aber jede Medaille hat ja „drei" Seiten: Ich hatte, nachdem ich kurz danach in 2009 einen Stammtisch zum Thema Photovoltaik ins Leben rief, mit Mitstreitern Anfang 2010 eine Energiegenossenschaft gegründet, die ich heute, 2024, noch als Vorstand zusammen mit Kollegen leite. Stand Mai 2024 haben wir neben kleineren Photovoltaikanlagen 2016 Deutschlands viertgrößtes Dachanlagenkonglomerat mit einer PV-Anlage bestückt. Daneben besitzt die Genossenschaft zwei Windräder und zwei Windparkbeteiligungen. So sind insgesamt bei knapp 500 Mitgliedern 20 Millionen Euro in Erneuerbare Energien investiert worden. Hier habe ich mehr Sinn für mich gesehen, indem ich die Energiewende dezentral mit eigener Kraft vorantreibe, als in einer Bank Stadtkämmerer größerer Städte von Produkten zu überzeugen, wie zum Beispiel Zinsschranken zur Absicherung, die diese selbst nicht verstehen. Das Ende vom Spiel ist, das immer die Bank bei solchen Geschäften gewinnt. Man braucht sich nur Geschäftsarten wie spread-ladder-swaps oder cross-border-leasing betrachten. Bei letzterem Produkt werden ganze städtische Infrastrukturen zum Beispiel an die USA verkauft, um sie dann wieder zurück zu leasen. Das bringt dem Kämmerer zwar einen Haufen Geld sofort in den Stadtsäckel, schränkt aber seinen Handlungsspielraum ein, wenn die Infrastruktur marode wird und wichtige Investments nicht vorgenommen werden. Und die oft über tausend Seiten Vertragstext in englischer Sprache überfordern jeden Beamten in einer Stadtverwaltung...

Im Übrigen bildet die immer größere Komplexität bei neuen Produkten der Banken ein besonderes Risiko. Denn nachdem Großbanken, wie zum Beispiel die Deutsche Bank ganze faule Kreditportfolios neu verpackt hatten und an insbesondere Landesbanken weiterverkauft hatten, wussten Landesbanken und

Sparkassen in 2008/2009 nicht, was sie sich da im wahrsten Sinne des Wortes einhandelten. Denn meist saßen in den dortigen Aufsichtsräten Politiker, die mitnichten verstanden, welche Produkte da von ihren Banken übernommen wurden. Denn auch die Gier war damals groß. Auf beiden Seiten: Einmal wollten die Kleinanleger immer mehr Rendite und auf der anderen Seite sollten die Gewinne auch im Bankensektor immer mehr steigen. Aber auf die menschliche Gier gehe ich noch im Einzelnen im zweiten Kapitel dieses Buches ein. Am Ende hat dann der Steuerzahler, sprich der Staat, den Schaden übernommen, was die damalige Staatsverschuldung vieler Länder in neue Höhen getrieben hat.

Lehren aus dieser Krise für die Banken könnten daher sein:[56]
[57]

1. Neben einer höheren Eigenkapitalquote bei den Banken eine strengere Regulierung.
2. Drastische Schrumpfkur für Banken: „Too big to fail" darf nie wieder ein Argument sein.
3. Schluss mit dem Universalbankensystem: Einführung des Trennbankensystems und damit Trennung von Spekulationsgeschäften, Firmenkundengeschäft und Privatkundengeschäft. Kleinanleger werden dadurch geschützt.
4. Verbote von „Eigenhandel" mit Wertpapieren und insbesondere sogenannten „Leerverkäufen", Geschäfte, bei denen die Bank

gar nicht das Gut besitzt, mit dem sie handelt.

5. Es kann nicht sein, dass weltweit Derivate im Volumen von über 544 Billionen außerhalb der Bankbilanzen herumwabern. Alles, was gehandelt werden kann, muss amtlich notiert an der Börse gehandelt werden.
6. Einführung einer Finanztransaktionssteuer, die diesen Namen verdient.
7. Schluss mit Boni für Banker und Manager von Aktien-, Immobilien- und sonstigen Fonds.

Der Status Quo bei der **Gesundheit** der Menschen in einem Staat hängt auch neben den Gewohnheiten der Menschen, auf die ich in Kapitel 2 noch näher eingehen werde, maßgeblich von der staatlichen Gesundheitsversorgung ab.

Nachdem die vom Covid-19-Virus verursachte Massenerkrankung, die sich in kürzester Zeit über alle Kontinente verbreitete und sich zu einer weltweiten Pandemie steigerte, bis auf sogenannte Long-Covid-Fälle weitestgehend abgeklungen ist, machen sich die gesellschaftlichen Gruppen und der Staat an die Aufarbeitung. Neben Maskenskandalen, bei denen sich vornehmlich Politiker an dem Vermitteln derselben eine goldene Nase verdienten, aber auch Straftaten begingen, indem sie die Erträge zum Beispiel am Finanzamt vorbeischmuggelten, stellt sich auch die Frage der Verhältnismäßigkeit der staatlichen Verbote und Auflagen während der Pandemie.

Wegen der bald grassierenden Massenerkrankung glaubte die Politik in vielen Staaten, erheblich weniger in Schweden,

Gebote und Verbote erlassen zu müssen, die ein so kostbares politisches Gut wie die Freiheit der Bürger stark einschränkten. Dabei nahmen die Bürger die Freiheitsbeschränkungen klaglos hin, soweit sie unerlässlich erschienen. Die Bedenken begannen allerdings auf der verfassungsrechtlichen und staatspolitischen Ebene, als den Regierungen und anderen Organen der Exekutive ein enormes Übergewicht eingeräumt wurde. Von den vertretenen Maßnahmen dürften viele sachgerecht gewesen sein. Problematisch war es allerdings, dem Gesundheitsschutz den Rang eines Trumpfes zuzusprechen, der alle anderen Grundrechte ausstechen durfte. Aber man könnte die Sachlage auch positiv dahingehend einschätzen, dass man in den erlebten Lockdowns ein Einüben in jene kollektiven Verzichte sehen sollte, die wir andernorts, insbesondere hinsichtlich Umwelt- und Klimaschutz dringend benötigen.[58] Aber auf diese Sachverhalte gehe ich noch in den weiteren Kapiteln näher ein.

Vor einer Pandemie hatten schon im Vorfeld viele Wissenschaftler gewarnt. Auch die Stiftung von Bill Gates hatte sich schon lange vor Covid mit dem Problem beschäftigt und Stephen Emmott hat bereits 2013 Folgendes beschrieben:[59]

„(...) Vor gerade einmal 95 Jahren ereignete sich eine globale Pandemie: die Spanische Grippe, der jüngsten Schätzungen zufolge 100 Millionen Menschen zum Opfer fielen. Und damals war eine weitere unserer vielen fragwürdigen Innovationen noch gar nicht erfunden: Die Billigfluglinie.

Wenn Millionen Menschen Tag für Tag um die Welt reisen und Millionen von Menschen eng mit Schweinen und Hühnern zusammenleben, oft sogar in ein und demselben Raum, steigt die Wahrscheinlichkeit, dass ein neuer Virus die Artenschranke zwischen Mensch und Tier überwindet und eine weltweite Pandemie auslöst, beträchtlich.

Kein Wunder also, dass sich eine wachsende Anzahl von Epidemiologen gar nicht mehr fragt, ob es zu einer weiteren globalen Pandemie kommen wird, sondern lediglich, *wann* das passiert."

Ständige Reformen im Gesundheitswesen dienten in der Vergangenheit oft einzig dem Ziel, die Krankenversorgung zu standardisieren. Und auch in Deutschland wird die Sorge vor der zunehmenden Ökonomisierung der Medizin von vielen Ärzten thematisiert. Denn bei einer Standardisierung kämen individuelle Eigenheiten der Kranken oft zu kurz. Und die wichtigen psychologischen, spirituellen und humanistischen Aspekte der Beziehung zum Patienten, drohe darüber verloren zu gehen. So gilt auch wie in anderen Bereichen, in der medizinischen Versorgung einen Ausgleich zu schaffen zwischen den Spannungsfeldern Ökonomie und Gesellschaft.[60]

Neben Problemen im Gesundheitswesen, die aufgrund der Komplexität nur angeschnitten werden können, kommen Fragen der Ernährung und Landwirtschaft zum Tragen. Bei einem zu erwartenden Bevölkerungsanstieg auf mindestens 9, möglicherweise sogar 10 bis 12 Milliarden Menschen werden mehr Nahrungsmittel benötigt, und mit steigendem Lebensstandard steigt dann auch der Fleischkonsum.

Und die Produktion von mehr Nahrungsmitteln wird den Klimawandel weiter anheizen.

Denn alle vom Menschen produzierten Treibhausgase, Kohlendioxid, Methan und Distickstoffmonoxid (ein dreihundertmal wirksameres Treibhausgas als CO_2, das als Nebenprodukt beim Einsatz von Düngemitteln entsteht), tragen rund 30 Prozent am Gesamtausstoß bei. Mehr, als weltweit im Zuge der

Industrieproduktion oder des Güter- und Personenverkehrs freigesetzt wird.[61]

Verschärft wird die beschriebene Entwicklung auf das Klima auch durch global agierende Nahrungsmittelkonzerne, wie der weltweit größte Nahrungsmittelhersteller, der Schweizer Nestlé Konzern, der mit 90 Milliarden Franken Umsatz hochkalorische Fertigprodukte über die ganze Welt verteilt. Sie enthalten in der Regel viel Salz, Zucker, Fett und Geschmacksverstärker – aber wenig Nährstoffe. So kann sich die abstruse Situation ergeben, dass Menschen in den ärmeren Ländern übergewichtig oder sogar fettleibig aber gleichzeitig auch mangelernährt sind.[62] Auf die Folgen von Übergewicht auf den Menschen gehe ich im nächsten Kapitel unter „Krankheit" noch näher ein.

Der Bauingenieur und Informatiker Konrad Zuse, der auch den ersten funktionsfähigen Computer entwickelt hat, hatte einmal folgendes gesagt: „Die Gefahr, dass der Computer so wird, wie der Mensch, ist nicht so groß wie die Gefahr, dass der Mensch so wird wie der Computer."[63]

Allerdings schreitet die **Digitalisierung** in rasenden Schritten weiter fort, und neben der derzeit anlaufenden vierten industriellen Reform, Industrie 4.0, entwickelt sich auch die Künstliche Intelligenz (KI) weiter weg von einem reinen Hilfsmittel. Während viele Berufe durch die Digitalisierung wegfallen, von einfachen Tätigkeiten hin zu komplexen Berufen, wie (zum Teil) Radiologen, Juristen, Journalisten und anderen, wo man es anfänglich nicht vermutet hätte, werden auch neue Arbeitsfelder geschaffen oder bleiben zumindest erhalten oder werden noch aufgewertet. Denn man wird die menschliche Kommunikation insbesondere im sozialen Bereich weiter wertschätzen. Und warum soll ein Investmentbanker, der eine Computermaus, und nicht einmal das, den ganzen Tag hin- und her bewegt ein Vielfaches von einer Pflegekraft verdienen, die neben der Verantwortung für die Gesundheit der betreuten Personen auch noch körperlich schwer arbeiten muss? Aber zu dieser Problematik werde ich in den nächsten Kapiteln zurückkommen.

Ehrlicherweise war ich gegenüber der „künstlichen Intelligenz", oder was man davon halten soll, eher reserviert eingestellt. Allerdings hat, während ich hier im Mai 2024 diese Sätze schreibe, die KI solch eine rasante Entwicklung verlaufen, dass ich schon aus Neugierde einmal die Sprach-KI ChatGPT ausprobiert habe. Und nach ein paar Stichworteingaben bekommt man recht plausible Auskünfte, die man, wie auch bei Wikipedia, immer wieder auf nur reine Semantik oder auch inhaltliche Korrektheit verifizieren muss. Aber wir sind sicherlich noch weit weg davon, dass die KI sich buchstäblich verselbstständigt und ein Eigenleben beginnt, wie das in vielen fiktionalen Geschichten schon zu Ende gedacht wurde.

Dem stimmen auch namhafte Philosophen wie der Bonner Philosoph Markus Gabriel weitgehend zu. So meint er, dass wie echtes Denken aussehe, was in Wahrheit nur eine geschickte Simulation sei, die uns einen Denkprozess vorgaukle. „Wir projizieren unsere Intelligenz in die Systeme", so Gabriel in DIE ZEIT vom 17. Mai 2023.

Ähnlich pragmatisch beurteilt der Philosoph Ralf Becker, der, wenn man ihn nach dem Begriff des Verstehens fragt, Verstehen als Können bezeichnet, das sich in Handlungen ausdrückt. Verstehen sei dabei kein kognitiver Akt, sondern *immer* verkörpert, immer in eine Situation und in eine Praxis eingebettet, so etwa in Form von Nachfragen, Wiederholungen und Übungen.

Letztlich sei das Verstehen als „Lebensform" zu sehen. Dafür braucht es einen Körper, der mit einer eigenen Geschichte eigene Ziele und Absichten verfolgt, der uns mit der Welt verknüpft.[64]

Anders sieht es der britische Informatiker und seit 2019 Preisträger des inoffiziellen Nobelpreises der Computerwissenschaften, dem Turing Award, Geoffrey Hinton. In einem seiner raren Interviews fürchtet er, das mithilfe von KI künftig autonome Waffensysteme entwickelt werden, die autonom über das Töten entscheiden. Das wäre dann ein KI-System mit eigenem „Körper" und eigenem Ziel. Diese Waffe mag zwar ursprünglich vom Menschen programmiert worden sein, träfe aber bei der Ausführung eigenständig und unabhängig Entscheidungen, die sich dann nicht mehr kontrollieren ließen.[65]

Resümierend beinhaltet die zunehmende Digitalisierung im Allgemeinen inklusive der KI neben vorteilhaften Eigenschaften auch Risiken, die ich einmal in dem erhöhten Ressourcenverbrauch, erhöhtem Energieaufwand, Einschränkung der persönlichen Freiheiten durch eine zunehmende Überwachung und auch zunehmende Cyberkriminalität sowie damit verbundene Streuung von Fake News sehe.

So erscheint es schon wieder, trotz der veralteten Technik, bei den in den siebziger und achtziger Jahren gebauten Atomkraftwerken weniger riskant, diese zu betreiben, da sie hauptsächlich manuell gesteuert werden und damit die Betriebselektronik gegen äußere Eingriffe relativ sicher ist.

Allerdings hat die während der Pandemie verbreitete Praxis, ein Homeoffice zu nutzen, zu einem großen Sprung bei der Cyberkriminalität geführt. 2019 waren es noch 103 Milliarden Euro Schaden bei deutschen Unternehmen, die zu einem Anstieg in

2020 auf 224 Milliarden Euro, davon 53 Milliarden Euro durch Homeoffice, geführt hatten.[66]

Aber spätestens erfordert es die seit Februar 2022 aufgeflammte Bedrohung Deutschlands durch Russland, über bisherige Diskussionen zur Sicherung kritischer Infrastrukturen hinausgehend neue Formen zum Themenfeld Zivilschutz zu suchen. Denn auch die Bundeswehr ist auf zivile Ressourcen angewiesen. Daher wird auch derzeit an einem „Operationsplan Deutschland", kurz OPLANDEU, gearbeitet, der die Infrastrukturen Deutschlands unter dem Fokus betrachtet, welche Bedeutung diese für die Aufrechterhaltung der Verteidigungsfähigkeit vor Eintritt des möglichen Kriegsfalles haben.[67]

Demokratische **Staatsverfassungen** befinden sich weltweit auf dem Rückzug. Selbst im demokratischen Ur-Land, den USA, kam es am 6. Januar 2021 zu einem Run auf das Capitol. Der scheidende Präsident, Donald Trump, hatte damals indirekt seine Anhänger hierzu aufgerufen. Und Präsident Donald Trump wusste darüber Bescheid, dass seine Anhänger auch Messer, Pistolen und Gewehre bei sich trugen. Seither wird das Ganze juristisch und gesamtgesellschaftlich aufgearbeitet. Aber die gesellschaftliche Spaltung in den USA hat es leider noch verstärkt.[68]

Auch in vielen anderen Ländern haben die Populisten Aufwind und führen neben der Aggression auch zu regressiven Tendenzen, die in dem Sammelwerk namhafter Autoren „Die große Regression" bereits 2017 gut vorausgesagt wurden.[69] Bei dieser internationalen Debatte über die geistige Situation der Zeit scheint die Welt aus den Fugen zu fallen. Seit geraumer Zeit sehen wir uns mit Entwicklungen konfrontiert, die viele für

Phänomene eines längst vergangenen Zeitalters gehalten haben: Der Aufstieg nationalistischer, teils antiliberaler Parteien wie des Front National in Frankreich und der AfD in Deutschland und auch der mittlerweile in Italien regierenden Partei. Dabei wird die AfD mittlerweile als rechtsradikaler Verdachtsfall vom Verfassungsschutz überwacht. Und sie gilt sogar bei den rechten Parteien in Frankreich und Italien als so radikal, dass man mit ihr auf europäischer Ebene nicht mehr zusammenarbeiten möchte.

Immer öfter werden Politiker tätlich angegriffen, die Stimmung - auch in Deutschland - ist aufgeheizt. Während ich diese Passagen im Mai 2024 verfasse, steht die Europawahl an und bereits etwa 3 Wochen vor der Wahl stehen zwei maßgebliche Vertreter unter dem Verdacht, Schmiergelder aus Russland erhalten zu haben. Aber auch AfD-Vertreter im Bundestag, wie Alice Weidel, treffen sich öfter mit Herrn Müller, der, aus steuerlichen Gründen, in der Schweiz residiert. Aber Müller-Milch verkauft er trotzdem gerne auch in Deutschland. [70]

Und gerade die, die sich die größten Patrioten nennen, verkaufen Deutschland an Putins Diktatur oder auch gleich an die Chinesen. So hat man auch einen Mitarbeiter des ersten Europakandidaten der AfD, Maximilian Krah, als chinesischen Spion enttarnt.[71] Und seitdem dem Alexander Gauland von der AfD 2017 mit dem Zitat berühmt wurde: „Wir werden sie jagen", werden mittlerweile die ersten Kandidaten der AfD von den deutschen Staatsanwaltschaften 2024 vor Gericht gebracht. So hat das Alexander Gauland sicherlich in 2017 nicht gemeint...

Aber auch der Lobbyismus, verbunden mit der Elitisierung der Politik, tragen zu einem wachsenden Überdruss bei den Bürgern bei. Unerlässlich sind deswegen transparente Entscheidungsfindungen sowie einem offenen Austausch von

Informationen. Aber genau daran scheinen demokratische Systeme mit zu scheitern. Denn politische Entscheidungen werden oft nicht mehr nach bestem Wissen und Gewissen getroffen, sondern viel mehr nach Lobbyinteressen, ohne dies offenzulegen. Und laut einer Studie von Infratest dimap haben 82 Prozent der Menschen den Eindruck, dass der Einfluss von Lobbyisten auf die Politik in Deutschland zu stark ist.[72]

Manche (möchten) glauben, ein wohlwollender Diktator könnte die nötige Transformation unserer Systeme voranbringen. Allerdings zeigen die Erfahrungen mit Hitler, Stalin, Mao und Co., dass da sehr selten etwas Gutes für das Volk zu erwarten ist. Bestätigen lässt sich das auch durch die aktuellen Aktivitäten der „modernen" Diktatoren Putin und Erdogan oder auch Populisten, wie der ehemalige Präsident Donald Trump oder Ungarns Orban. Darüber hinaus hinge das Wohl und Wehe einer Nation von einer einzigen Person ab. Und diese Person könnte sehr schnell vom anfänglichen „good guy zum „bad guy" mutieren. Denn meist leiden unter solch einer Entwicklung neben Minderheiten stets die Zivilbevölkerung und somit auch die Schwächsten wie Frauen, Alte und Kinder.[73]

Unsere Demokratie funktioniert nicht mit der reinen Sehnsucht nach einfachen Antworten[74], und die Demokratie ist kein „Supermarkt für Schnäppchenjäger". Bürgerinnen und Bürger haben Rechte und Pflichten, und die Politik sollte ihnen keine „Angebote" machen, sondern ihre „demokratische Trägerschaft und Verantwortung für das Gemeinsame der Republik hochhalten".[75]

Wachstumswahn und **Übernutzung** unserer Welt sind mitnichten nachhaltig.

Das ist eine Binse.

Dennoch rückt der Erdüberlastungstag immer weiter in Richtung Jahresanfang. Er berechnet, wann die Ressourcen unserer Erde im Jahresverlauf aufgebraucht sind. Dies war in Deutschland am 2. Mai 2024 der Fall.

Auch in der Natur gibt es kein exponentielles Wachstum, wie wir das bei vielen derzeitigen Entwicklungen unserer Ökonomie noch feststellen können.

Exponentielles Wachstum ist ein mathematisches Konstrukt, denn tatsächlich gehen Veränderungsprozesse (bei zum Beispiel hohen Wachstumsraten bei Bakterien und Viren) irgendwann in einen chaotischen Verlauf über. Und was am Anfang noch exponentiell wächst, wird irgendwann unvorhersehbar. Und daher: Die Welt ist nicht vorhersehbar – und das ist mathematisch beweisbar. Selbst wenn man heute über sämtliche Luftmoleküle der Erde alle Informationen hätten, wäre es unmöglich, das Wetter in einer Woche vorherzusagen. Denn man bräuchte dafür einen Computer mit einer schier unendlichen Rechenleistung. Daher ist es dumm, davon auszugehen, dass die Zukunft irgendwann statisch und stabil sein könnte. Wenn die Zukunft jedoch weder statisch noch stabil ist, dann muss man diese anders gestalten, als man das in der Regel tut.[76]

Im Bewusstsein, dass ich mich zwar auch mit diesem Werk bemühe, resultierend aus der Auseinandersetzung mit dem Philosophen Friedrich Nietzsche, Wege für einen anderen Umgang mit der Natur und als Menschen untereinander zu finden, kann auch ich nicht voraussehen, ob die in Kapitel 1 aufgezeigten Problemfelder in Zukunft gelöst werden können. Aber viele Maßnahmen sind möglich, Dreh- und Angelpunkt ist jedoch der Mensch selbst. Und es fragt sich, ob er sich aus der selbstverschuldeten Unmündigkeit befreien kann. Hierzu werde ich im nächsten Kapitel untersuchen, ob der Mensch mit seinen menschlichen Eigenschaften überhaupt dazu in der Lage scheint, die nahezu übermenschlichen Herausforderungen zu bewältigen.

Kapitel 2

Das kranke „Thier"

„Der Mensch ist kränker, unsicherer, wechselnder, unfestgestellter als irgend ein Thier sonst, daran ist kein Zweifel, - er ist das kranke Thier".

Friedrich Nietzsche, in: Wank, N, Nietzsche für Boshafte, Insel Verlag Frankfurt am Main und Leipzig 2007, S. 71

"Das Übermaß von Historie hat die plastische Kraft des Lebens angegriffen, es versteht nicht mehr, sich der Vergangenheit wie einer kräftigen Nahrung zu bedienen. Das Übel ist furchtbar, und trotzdem! Wenn nicht die Jugend die hellseherische Gabe der Natur hätte, so würde niemand wissen, daß es ein Übel ist und daß ein Paradies der Gesundheit verlorengegangen ist."

F. N. in "Unzeitgemäße Betrachtungen".

Religiosität /

Gewalt /

Dummheit /

Gier /

Krankheit /

Hass /

Lüge

Man fragt sich, ob die von den Menschen praktizierten (Groß)-Religionen mehr Fluch als Segen für die Rettungsbemühungen darstellen. **Religiosität** hat dazu geführt, dass insbesondere das Christentum über 1.500 Jahre wichtige Prozesse der Innovation verhindert hat. Dieser Zeitverlust fällt uns jetzt wieder auf die Füße.

Ich versuche diese Diskrepanz mit einem Beispiel zu untermauern: Bei Fragen zum Beispiel auch des menschlichen Miteinanders müsste man ja davon ausgehen, dass säkularisierte Länder, wo Religionen keine Rolle spielen, gewalttätiger sein müssten, als strenggläubige Staaten. Aber tatsächlich hängt Gewaltkriminalität von vielen anderen Faktoren ab.

So bin ich oft auf Reisen in den skandinavischen Ländern unterwegs. Und immer noch gelten Norwegen und Schweden als recht sichere Länder. Ob dies auch so in sehr religiösen Staaten, wie zum Beispiel Iran oder Afghanistan ist, kann ich nicht beurteilen, da ich noch nie dort war.

Auf jeden Fall haben die monotheistischen Religionen – da kenne ich mich besser aus als bei andere Großreligionen im asiatischen Bereich wie Konfuzianismus, Hinduismus oder Buddhismus – in der Vergangenheit viel Leid über die Menschen gebracht. Und nachdem das Christentum ausgehend von einer kleinen Sekte über Kaiser Konstantin zur Staatsreligion im römischen Reich gemacht worden war, wurde im Jahre 392 die Bibliothek in Alexandria dem Erdboden gleichgemacht. In dieser Bibliothek standen bis dahin tausende Bände zu jedem erdenklichen Thema – von Religion bis zur Mathematik – in ihren Regalen. Zu Beginn des Jahres 392 kamen am Fuße des Sarapistentempels zahllose Christen zusammen und erklommen unter den entsetzten Blicken der Alexandriner die Stufen, um das damals schönste Gebäude der Welt zu erstürmen. Es müssen über 500.000 Schriftrollen gewesen sein, die dem Feuer zum Opfer fielen.

Die oft zitierten mittelalterlichen Klosterbibliotheken waren im Vergleich dazu geradezu armselig. Denn im Frühmittelalter besaßen die meisten von ihnen kaum mehr als 20 Bücher, und selbst die größten Bibliotheken im 12. Jahrhundert brachten es gerade mal auf rund 500, wovon der größte Teil christliche Werke waren.[77]

So hatte in Alexandria der brillante Mathematiker und Physiker Archimedes studiert. Auch Euklid, dessen mathematisches Lehrbuch noch bis ins zwanzigste Jahrhundert die Grundlage der Geometrie abbildete. In der Zeit wurden auch antike Statuen zerschmettert, zermahlen und ihre Überreste verstreut, verbrannt oder eingeschmolzen. Und damit standen Roms alte Kulte vor dem Aus, obwohl (oder vielleicht gerade weil) der Stadtpräfekt und Senator Symmachus (um 342 – 402/403) seinen aussichtslosen Kampf verlor, wirken dessen Worte von damals heute eindrucksvoller denn je: „Die Vernunft gebietet es, ein und dasselbe zu sehen. Wir alle blicken zu denselben Sternen auf, über uns thront derselbe Himmel, dieselbe Welt ist es, die uns alle umgibt. Wen kann es da kümmern, mithilfe welcher Weisheit jemand nach der Wahrheit sucht?"[78]

Neben der Gewalt, die sich auch durch die alt- und neutes-
tamentlichen Schriften der Bibel zieht, zieht sich diese blutige
Spur weiter über die mittelalterlichen Hexenverbrennungen und
Glaubenskriege bis in die heutige Zeit, wo sexualisierte Gewalt
der Kleriker hauptsächlich gegenüber den Schwächsten nun-
mehr aufgearbeitet wurden muss.

Diese Auswüchse haben meiner Meinung nach mit dem
männlich dominierten Machtverhalten zu tun, was auch Nietzsches Analyse der Moral folgt. Die Tendenz, die in der Moral
maskierte primäre Grausamkeit aufzudecken, bringt ihn zu
reichlichen Belegen in der christlichen Religion für seine These
von Grausamkeit als schöpferischem Ursprung der Zivilisation.
Nicht nur bei Christen, sondern auch in anderen Religionen
stellte man sich die Götter grausam vor. Sie müssen durch Opfer versöhnt werden, und offenbar dachte man sich die Götter
als Kreaturen, denen der Anblick der Qual und des Abschlach-
tens Freude bringt. So müsse auch der christliche Gott durch
das Opfer seines Sohnes besänftigt werden.[79]

Der Deutschägypter und Islamkritiker Hamed Abdel-Samad
sieht im Faschismus eine Art „politische Religion". Seine Anhänger glauben, im Besitz der absoluten Wahrheit zu sein. Und
ganz oben steht der charismatische und unfehlbare Führer, der
mit einem heiligen Auftrag versehen ist, um die Nation zu einen
und Feinde zu besiegen. Die faschistische Ideologie vergiftet
ihre Nachläufer mit Ressentiments und Hass. Sie teilt die Welt
in Freund und Feind ein und droht Widerspruch mit Vergeltung.
Sie ist gegen die Aufklärung, den Marxismus und die Juden und
verherrlicht Militarismus und Opferbereitschaft bis zum Tod.
Und nach Abdel-Samads Meinung trifft dies auch auf den modernen Islamismus zu. Zeitgleich mit dem Faschismus in den
zwanziger Jahren des zwanzigsten Jahrhunderts entstanden,

sind beide „politische Religionen" aus einem Gefühl der Niederlage und Erniedrigung entstanden. Beide Strömungen sind im Ziel vereint, ein Imperium zu errichten, dem die totale Vernichtung seiner Feinde als verbrieftem Recht vorausgeht. Während die eine Bewegung an die Überlegenheit der arischen Rasse glaubt, ist die andere von der moralischen Überlegenheit der Muslime gegenüber allen Ungläubigen überzeugt.[80]

Zieht man ein Resümee aus den vorherigen Thesen, stellt man fest, dass besonders die männlich dominierten Großreligionen, der Monotheismus, nicht ohne Gefahr für das weitere Fortbestehen der Menschheit ist. Aktuell, während ich hier schreibe, haben wir immer noch den israelisch-palästinensischen Krieg und der Bestsellerautor Yuval Noah Harari, ein Israeli, schrieb schon 2018 in seinem Band: 21 Lektionen für das 21. Jahrhundert, dass es durchaus sein könnte, dass neueste Atomwaffen und Cyberbomben eingesetzt werden könnten, um einen Glaubensstreit um mittelalterliche Texte beizulegen. Und er sieht die traditionellen Religionen eher als Problem für die Menschheit und nicht als Problemlöser. Er sieht sie außerdem als Handlanger des Nationalismus. Sie verfügten immer noch über eine große politische Macht und wenn es darum gehe, die globalen Probleme des 21. Jahrhunderts zu lösen, hätten sie nicht viel zu bieten.[81]

Auch ohne die Religiosität gibt es noch viel physische aber auch psychische **Gewalt** in der Welt, und die Welt stand schon mehrfach kurz dafür, im Abgrund der Geschichte zu verschwinden. Meist sind dafür – wie im vorherigen Kapitel – alte weiße oder zumindest weißbärtige Männer verantwortlich.

So aber ausnahmsweise nicht am 26. September 1983.

Sie kennen den Vorfall nicht?

Ein Oberstleutnant der sowjetischen Luftverteidigungsstreit-kräfte hat an diesem Tag das Ende der Menschheit verhindert.

Warum?

Der Fehlalarm für einen angeblichen Angriff der USA mit nuklearen Interkontinentalraketen auf die UdSSR wurde durch einen Satelliten des sowjetischen Frühwarnsystems ausgelöst, der aufgrund fehlerhafter Software einen Sonnenaufgang und Spiegelungen in den Wolken als Raketenstart der Vereinigten Staaten interpretierte. Hätte Petrow nicht so reagiert, hätte dies vermutlich den dritten und damit letzten Weltkrieg ausgelöst. Meiner Meinung nach hätte er den Friedensnobelpreis erhalten müssen. Stattdessen ist er weitestgehend unbekannt und hat bis zu seinem Tode in 2017 von einer kleinen Rente in Moskau in einer Plattenbausiedlung gelebt.[82]

Nimmt man die größten Massenmörder der Menschheit, kommt man sofort auf – in der Reihenfolge der Morde – auf Mao Tse Tung, Hitler und Stalin. Inwieweit sich Putin da einrei-hen wird, ist bis dato nicht bekannt. Während ich diese Zeilen schreibe, scheint die Welt neben der „Triple Krise" Klimawandel, Artensterben und Pandemie langsam aus den Fugen zu gera-ten: Neben dem über bald drei Jahre andauernden Angriffskrieg Russlands auf die Ukraine versucht Israel, nach dem Massaker der Hamas am 7. Oktober 2023, diese im Gaza-Streifen zu eli-minieren. Und da dies auch mittlerweile einhergeht mit Men-schenrechtsverletzungen, hat der internationale Strafgerichts-hof in Den Haag Haftbefehle gegen die Kontrahenten, den Regierungschef Israels und Hamas-Vertreter ausgestellt. Dar-über hinaus toben in vielen anderen Ländern Bürgerkriege wie zum Beispiel im Sudan. Auch China streckt immer wieder den Arm aus, um sich Taiwan einzuverleiben.

Philosophisch ist es sehr schwer, das Böse im Menschen genau zu definieren. Der australische Ethikprofessor Luke Russell beschreibt es so: „Böswilligkeit impliziert, dass man dem anderen Böses will, und böswillige Handlungen sind Ausdruck dieser bösartigen Einstellung gegenüber der anderen Person."[83]

Das größte Verbrechen, das auf deutschem Boden staatgefunden hatte, ist die Vernichtung von über sechs Millionen Juden zur Zeit des Nationalsozialismus.

Die Nazis sahen die Juden als „tödliche und aktive Bedrohung für alle Nationen, für die arische Rasse und für das deutsche Volk." Und nach dem australischen Historiker A. Dirk Moses durchziehen solch eine Paranoia und der irrationale Drang nach permanenter Sicherheit alle Völkermorde. Daher gibt es seit geraumer Zeit eine Debatte unter Historikern, inwiefern der Holocaust ein singuläres Verbrechen war, oder ob er den Verbrechen des Kolonialismus doch sehr stark ähnelte. Wie viele der Kollegen von Moses plädiert er dafür, die Erinnerung an andere Massenverbrechen in die deutsche und europäische Aufarbeitung der Vergangenheit einzubeziehen. Denn es habe viele „fundamentale Verbrechen" bei der Entstehung der westlichen Zivilisation gegeben: So die völkermörderische koloniale Durchdringung der Welt durch europäische Siedler und die jahrhundertelange Versklavung von vielen Millionen Afrikanern in Süd- und Nordamerika inklusive der Morde im Namen des Christentums. Dieses Erbe der weißen Vorherrschaft betrifft auch USA und Deutschland und andere Länder auf sehr unterschiedliche aber ähnlich nachwirkende Weise.[84]

Die jüdische Philosophin Hannah Arendt hat in ihrem Buch „Eichmann in Jerusalem" einen Einblick und eine Analyse zum

Prozess gegen einen der Hauptorganisatoren des Holocaust, Adolf Eichmann, gegeben und anschließend eine große Kontroverse ausgelöst. Denn sie konnte bei Eichmann keine dämonische oder abnormale psychische Veranlagung feststellen:

Arendt: „Es wäre in der Tat sehr bequem gewesen, zu glauben, Eichmann sei ein Monster. (...) Das Beunruhigende an Eichmann war doch gerade, dass so viele wie er waren, und dass diese vielen weder pervers noch sadistisch, sondern schrecklich und erschreckend normal waren und sind."[85]

Arendt berichtete weiter, dass Eichmann nicht der stereotypische Schurke war, der voller Hass auf seine Opfer erfüllt war und bewusst alle moralischen Werte negierte. Am meisten fiel bei seiner mentalen Verfassung die Gedankenlosigkeit auf. Er behauptete, er habe für seinen Teil „nur Befehle befolgt". Daher schloss Arendt schließlich in ihrem Buch, dass es eine „merkwürdige Wechselbeziehung zwischen Gedankenlosigkeit und dem Bösen" gebe und Eichmanns Aussagen auf die „Banalität des Bösen" schließen ließen. Allerdings legen neuere Erkenntnisse nahe, dass sich Arendt wohl bei der Diagnose von Eichmanns Charakter irrte. Philosophen und Historiker, wie beispielsweise David Cesarani und Bettina Stangneth, haben einige Beweise dafür gesammelt, dass Eichmann einen tiefen Hass auf Juden hatte. Das Bild von sich als einem folgsamen Bürokraten war sorgfältig inszeniert. Denn 1945 hatte er hingegen gesagt, er werde „lachend in die Grube springen, denn das Gefühl, fünf Millionen Menschen auf dem Gewissen zu haben, ist außerordentlich befriedigend". Arendt hatte die These aufstellen wollen, dass jene Art von Gedankenlosigkeit bei Eichmann der psychische Marker bösen Handelns sei. Aber es gibt viele Beispiele für Serienmörder, Terroristen und Kriegsverbrecher, die sich absolut im Klaren über das extreme Unheil sind, was sie ihren

Opfern mit voller Absicht zufügen. Ted Bundy beispielsweise besaß viele charakterlicher Fehler und Defizite, und gedankenloser Gehorsam etwa zählte nicht dazu.[86]

Neben der physischen Gewalt hat sich psychische Gewalt insbesondere durch den immer größeren Terror im Netz ausgebreitet. Auf diversen Plattformen wird oft unerkannt und anonym über Menschen hergezogen. Und im Unternehmen trifft es oft die engagiertesten Mitarbeiter, starke Personen, die sich in das Unternehmen mit überdurchschnittlichen Leistungen einbringen wollen.

Ich selbst habe vor über 20 Jahren auch Mobbing erfahren müssen. Damals habe ich den Rat aus einem Ratgeber beherzigt, der mir zunächst nicht leichtgefallen war: „Befreien Sie sich aus einer unerträglichen Situation. Nicht in jedem Fall müssen Sie ein neues Beschäftigungsverhältnis eingehen. Sie können sich selbstständig machen, sich Ihrer Familie widmen oder ganz etwas anderes beginnen. Das liegt einzig und allein bei Ihnen."[87]

Mittlerweile bin ich seit langer Zeit in meiner frei gewählten Selbstständigkeit selbstbestimmt dabei, meine Ziele zu verwirklichen. Und ich vermisse nichts dabei.

Die menschliche **Dummheit** ist mit den bereits beschriebenen Eigenschaften Religiosität und Gewalt eng verzahnt. Hierzu möchte ich daher auch mit einem Albert Einstein zugesprochenen Zitat beginnen:[88]

„Schwache Menschen streben nach Rache.

Starke Menschen vergeben.

Intelligente Menschen ignorieren."

Menschen, das konnten wir bei der Religiosität und bei der Gewalt schon feststellen, greifen überwiegend zu Erklärungen, die mit den wenigsten Grundannahmen versehen sind. Sie suchen nach der einen Ursache für alles. Kurz gesagt: In der Kürze liegt die Würze. Aber selbst die Evolutionstheorie, die mit den drei Grundannahmen Mutation, Selektion und Rekombination auskommt, erscheint mit jenen drei Grundannahmen schon zu viel für viele Bürger. So fand 2019 eine Studie des Meinungsforschungsinstituts Gallup heraus, dass 40 Prozent der US-Bürger davon ausgehen, der Mensch sei in seiner heutigen Form von Gott erschaffen worden. Und gerade mal 22 Prozent der Amerikaner glauben, dass Gott keinerlei Einfluss auf die menschliche Evolution hatte. Übrigens ist dies dasselbe Land, das bisher über 40 Prozent aller Nobelpreise erhalten hat. Allerdings gab es auch einen Vizepräsidenten, Mike Pence, der nicht nur nicht an die Evolution glaubte, sondern darüber hinaus ein Anhänger des Kreationismus oder „Intelligent Design" ist.[89]

Mike Pence bekam seinen Job von Donald Trump, der, davon gehe ich aus, über ein Mindestmaß an Intelligenz verfügen musste, um Präsident der USA werden zu können. Trump, der während ich diese Zeilen im Mai 2024 schreibe, gerade (wieder einmal) vor Gericht steht, ist ein Reizthema, hat nach eigenen Angaben noch nie ein Buch gelesen, der Fernseher läuft den ganzen Tag, Lieblingssender Fox News. So berichtet der ehemalige als Außenminister fungierende Exxon Mobil-Manager Rex Tillerson von einem „Mann, der ziemlich undiszipliniert ist, ungern liest, sich Hintergrundinformationen nicht anschaut, sich ungern detailliert in Sachverhalte einarbeitet und stattdessen einfach sagt: ‚Das ist es, was ich glaube, und Sie können versuchen, mich vom Gegenteil überzeugen, aber in den meisten Fällen werden Sie es nicht schaffen.'"[90]

Aus der populärwissenschaftlichen Forschung kennt man daher auch den Dunning-Kruger-Effekt, der die kognitive Verzerrung im Selbstverständnis inkompetenter Menschen beschreibt, das eigene Wissen und Können zu überschätzen. Und tatsächlich hat mir ein Bekannter aus der Politik einmal mitgeteilt, dass man politisch nur das umsetzen kann, was in drei kurzen Bullet-Point-Sätzen in die Bildzeitung passt.

Dabei ist die unterschiedliche Verteilung der Intelligenz älter als der Mensch. Auch unter Primaten gibt es Dumme und Schlaue, wie amerikanische Biologen bei einem Intelligenztest für 22 Lisztäffchen beweisen konnten. In verschiedenen Prüfungen mussten die Äffchen ihre kognitiven Fähigkeiten beweisen. Psychologen und Evolutionsbiologen der Harvard University in Cambridge ließen die Versuchstiere beispielsweise nach Cornflakes suchen, die hinter einer Plastikscheibe zu sehen waren. Die schlauesten Affen durchschauten den Trick schnell, während andere erst mit der Hand gegen die Scheibe stießen, bevor sie dann um die Barriere herumfassten. Aber es gab auch Dummköpfe in der Gruppe, die es nie kapiert haben. So müssen sich bereits kognitive Grundzüge weitaus früher in der Evolution angelegt haben, vermuten die Forscher, die die Experimente auch mit anderen Tierarten durchführen wollen.[91]

In vielen Gesellschaftsbereichen bestimmen eher die lauten Charaktere die Welt, und Kinder werden schon in der Schule auf Selbstdarstellung geschult. Extrovertierte haben es daher oft leichter im Leben.

Allerdings gehört ein Drittel bis zur Hälfte der Bevölkerung zu den Introvertierten. Stärken der Stillen sind Sorgfalt, Analyse und Konzentration. Trotzdem gibt man diesen Menschen immer wieder das Gefühl, nicht gut genug zu sein.

Eine Bildungsstätte, in der Stille es besonders schwer haben, ist die Harvard Business School. Die Absolventen dieser Fakultät werden darauf trainiert, zu schnellen, risikofreudigen und lautstarken Führungspersonen zu reifen. Dies zeigt sich auch in Übungen wie „Überleben in der Subpolarregion", bei der die Studenten diskutieren müssen, mit Hilfe welcher Gegenstände sie in Arktisnähe über die Runden kommen. Dabei soll gezeigt werden, dass ein Team besser abschneidet, als ein Einzelner aus der Gruppe. Dabei muss man allerdings beim gemeinsamen Nachdenken dem anderen zuhören.[92]

Ein Student, der Erfahrung mit Reisen in den hohen Norden mitbrachte, wurde in solch einer Runde einmal einfach ignoriert, da er seine Vorschläge nicht laut genug vorgetragen hatte. Dessen Erfahrung wäre aber lebensrettend gewesen. Hinterher waren die Teilnehmer daher peinlich berührt, da sie feststellen konnten, das der Zusammenhang zwischen der besten Rede und dem besten Vorschlag gleich null war. Daher ist auch lange bekannt, das Brainstorming in großen Gruppen nichts bringt. Die Effektivität ist eine Illusion und nur wer allein arbeitet, verbessert seine persönliche Leistung am stärksten. Darüber hinaus sind gerade Introvertierte auch dann neuronal stimuliert, wenn sie ohne Reizempfang von außen leben müssen. Wegen dieser von Natur aus höheren Gehirnaktivität haben die Stillen offenbar auch einen stärkeren Drang, sich gegen Reizüberflutung abzugrenzen.[93]

So sind auch Menschen mit Hochbegabung und auch Autismus öfters am Kämpfen mit Reizüberflutungen der Umgebung. Dadurch benötigen sie oft auch im Unternehmen Rückzugsräume. Aber genau diese Menschen können oft in der immer komplexeren Welt große Taten vollbringen. Gerade die Kombination aus Autismus und Hochbegabung, auch nach dem deutschen Entdecker Prof. Hans Asperger beschriebenem Aspergersyndrom kann erstaunliche Ergebnisse hervorbringen. Auch hier kommen diesen Menschen Eigenschaften wie eine starke Konzentration, extreme Ausdauer, große Begeisterung für Details und ein akkurates Gedächtnis bei der Bewältigung komplexer Aufgaben sehr entgegen. Und kein Wunder, das viele erfolgreiche Unternehmer wie Forscher darunter vertreten sind. Marc Zuckerberg, Jeff Bezos oder auch der Apple Gründer Steve Jobs gehören dazu, wie auch Elon Musk oder Greta Thunberg. Außerdem sagt man auch Albert Einstein gewisse autistische Züge nach.

Scheinbar benötigt die Welt einige dieser „Aliens", um die immer komplexeren Probleme der Erde zu lösen. Allerdings sind diese Personen, weil sie nicht in die normale Unternehmenswelt passen, oft schon in jungen Jahren verrentet.

Und auch Hochbegabte finden nicht immer ihren Platz im beruflichen Umfeld. Denn oft ecken sie mit ihrem schnellen Denken an, werden bekämpft und missverstanden. Oft haben Hochbegabte daher auch einen krummen Lebenslauf. Viele lernen auf dem zweiten Bildungsweg, haben mehrere Berufe angetestet oder satteln in der Lebensmitte noch einmal komplett um. Manche erkennen daher auch ihre Hochbegabung erst spät, und sie blicken dann mit einer Mischung aus Wehmut, Hoffnung und Aufbruch auf Ihr bisheriges Leben. Die Gestaltungsmotivation Hochbegabter ist höher ausgeprägt als bei anderen Mitarbeitern in Unternehmen, allerdings ist die Führungsmotivation gleichzeitig nur gering. Hochbegabte sollten daher einfach so respektiert werden, wie sie sind. Sie haben ein enormes Potenzial, das Unternehmen nicht verschenken sollten.[94]

Daher sollte man hochbegabte Mitarbeiter dort einsetzen, wo sie ihre Stärken am besten entfalten und weiterentwickeln können. Hochbegabte werden es in der Regel sehr hoch gewichten, wenn sie ihre Stärken ausbauen, anstatt Schwächen zu bekämpfen.[95]

Dem Hochbegabten sollte es daher ermöglicht werden, auf seinem Gebiet der Beste zu werden.[96]

Die Tendenz, die man in den vergangenen Jahrzehnten beobachten konnte, dass von Generation zu Generation sich die Intelligenz in Industrienationen um zwischen 5 und 25 Punkten verbessert hat, ist spätestens seit 2004 zum Erliegen gekommen. Dieser sogenannte „Flynn-Effekt", benannt nach dem Entdecker, dem Philosophieprofessor James Flynn, der in Neuseeland zu dieser Erkenntnis gelangte, ist mit einer schlechten Nachricht aus Norwegen in Zweifel geraten. Psychologen der Universität Oslo und der norwegischen Streitkräfte hatten Daten miteinander verglichen, die zwischen 1954 und 2002 bei der Musterung junger Männer erhoben worden waren. Dabei war den Forschern ein Knick in der IQ-Wertung aufgefallen. Zwischen 1970 und 1993 hatte sich die Zunahme des IQ verlangsamt, und von 1994 an fielen sogar die Scores. Der IQ, der vorher um jährlich ca. 0,3 Punkte angestiegen war, fiel mal um 0,25 Punkte, mal um 0,5 Punkte pro Jahr. Man nennt daher das Sinken jetzt den „umgekehrten Flynn-Effekt".[97]

Es sieht also wirklich so aus, als wäre in den Köpfen der Menschen etwas nicht in Ordnung, und warum das so ist, kann die Wissenschaft noch nicht genau sagen. Es gibt aber einige Hypothesen hierzu, die wie kleine Bomben eine Gesellschaft sprengen könnten. Nach dem weltweit renommierten Hirnforscher der TU Braunschweig, Martin Korte, zeigen Studien vor allem eines: Die digitale Welt verändert das Gehirn. Sie hat ihm die Klarheit des Denkens geraubt. Das Gehirn, immer öfter abgelenkt durch digitale Reize, habe sich daran gewöhnt, die

Aufmerksamkeit nicht mehr zu kanalisieren. Korte: „So werden wir die Welt nicht mehr durchdenken".[98]

Ein weiterer menschlicher Wahnsinn ist die **Gier**. Die Hilfsorganisation Oxfam gibt jedes Jahr einen Reichtumsbericht raus, der dabei Erschreckendes aufzeigt: Seit 2020 haben die fünf reichsten Männer ihr Vermögen von 405 auf 869 Milliarden US-Dollar verdoppelt. Und alle Milliardäre zusammen sind heute um 3,3 Billionen US-Dollar reicher als 2020, damit ein Plus von 34 Prozent. Damit wuchs ihr Vermögen dreimal so schnell wie die Inflationsrate. Dabei haben die ärmsten 4,77 Milliarden Menschen, rund 60 Prozent der Menschheit, seit 2020 zusammen 20 Milliarden US-Dollar Vermögen verloren. Dagegen wiederum ist das Gesamtvermögen der fünf reichsten Deutschen seit 2020 inflationsbereinigt um rund drei Viertel gewachsen, von circa 89 auf etwa 155 Milliarden Dollar. Und 2023 haben Konzerne irrwitzige Gewinne angehäuft. Rund 150 der weltweit größten Konzerne haben in den zwölf Monaten bis Juni 2023 insgesamt 1,8 Billionen Dollar Gewinne eingenommen, was einem Anstieg von 52,5 Prozent gegenüber den durchschnittlichen Nettogewinnen für den Zeitraum 2018 bis 2021 ausmacht. Und der Aktienbesitz kommt in erster Linie den reichsten Menschen zugute. So besitzt das weltweit reichste Prozent 43 Prozent des gesamten Finanzvermögens. Auch in Deutschland besitzt das reichste Prozent 41,1 Prozent des Finanzvermögens.[99]

Meines Erachtens hat das nichts mehr mit einer Marktwirtschaft, wie ich sie definiere, zu tun. Das ist Krebs im Endstadium.[100]

Diese Gefahr des Immer-mehr-Wollens, die Pleonexie, ist ein großes Problem für die endlichen Ressourcen eines endlichen

Planeten. Wenn dann noch der frevelhafte Hochmut und Übermut, die Hybris, dazukommen, dann schadet sich derjenige nur selbst, der sich der Hybris und Pleonexie ergibt. Vernünftigerweise verzichtet man auf Beides. Denn der Nichtverzicht sowohl auf die Pleonexie als auch auf die Hybris dürften für eine der größten Bedrohungen der Gegenwart mitverantwortlich sein: Die maßlose Nutzung der Natur, die längst zu einer Überbeanspruchung geführt hat.[101]

Siehe in diesem Buch Anfang erstes Kapitel zum Klimawandel dazu. Ich werde später noch in Folgekapiteln auf die heitere Gelassenheit und den Gleichmut der Seele und die Unerschütterlichkeit des Gemüts, griechisch „ataraxia" genannt, eingehen. Denn dieses Ideal ist nur erreichbar, wenn man unter Verzicht auf Vieles mit wenigen Bedürfnissen und mit leicht zu erfüllenden Wünschen zufrieden ist.[102]

Zwar hat der Stammvater des Liberalismus, John Locke, schon 1690 in seinem Grundlagenwerk „Zwei Abhandlungen über die Regierung" die unbegrenzte Anhäufung von Eigentum auf der Grundlage von Arbeit gerechtfertigt. Zitat: „Der Mensch wird mit einem Rechtsanspruch auf vollkommene Freiheit und uneingeschränkten Genuss aller Rechte und Privilegien des natürlichen Gesetzes in Gleichheit mit jedem anderen Menschen oder jeder Anzahl von Menschen auf dieser Welt geboren."[103]

Aber es gibt viele Beweise, dass es dem gesellschaftlichen Wohlergehen nichts bringt, wenn die Reichen noch reicher werden. Und es stellt sich die Frage, ob die Besitzer des Reichtums im Sinne der Nachhaltigkeit gute Vermögensverwalter sind. Finanziert ihr Reichtum einen den Planeten zerstörenden Lebensstil mit Privatjets, Yachten und anderem Luxus, oder wird in lokale Aufforstungsprojekte investiert? Die Entscheidung, reich zu sein, kann auch eine Entscheidung für das Wohlergehen der

Menschen sein. Damit ist nicht ein wenig Philanthropie da und dort gemeint, sondern engagierte und durchdachte Entscheidungen, alle Investitionen positiv zu steuern und Geld sinnvoll anzulegen.[104]

Um die Schere von Arm und Reich nicht noch weiter aufgehen zu lassen, kommt man meines Erachtens an der Einführung einer Vermögenssteuer nicht vorbei. Auch die Erbschaftssteuer müsste modifiziert werden. Gleichzeitig könnte man bei Wegfall aller sonstigen Leistungen des Staates ein bedingungsloses Grundeinkommen einführen, das den Menschen zumindest in den Industrieländern, denn man muss es sich leisten können, ein menschenwürdiges Dasein sichert.

Denn aus der Glücksforschung weiß man, dass es gar nicht so viel braucht, um ein glückliches Leben führen zu können. Bereits ab etwa 2.000 Euro netto monatlich geht mehr Wohlstand statistisch gesehen kaum noch mit mehr Zufriedenheit einher. Als Paar müssen es dann 3.400 Euro sein, plus 1.000 Euro pro Kind. Doch sobald man nicht mehr arm, aber noch lange nicht reich ist, spielt Geld nahezu keine Rolle mehr. Was zufrieden macht, hat der Professor für Soziologie, Martin Schröder von der Philipps-Universität Marburg, anhand der größten Langzeitbefragung in Deutschland herauskristallisiert. Seit 1984 haben Wissenschaftler mehr als 80.000 repräsentative Deutsche über 600.000-mal ausführlich befragt. Ohne dabei ins Detail zu gehen, haben die Wissenschaftler einen starken Trend dahingehend festgestellt, dass die größte Zufriedenheit einhergeht mit einer festen Partnerschaft, Freunden, Gesundheit, und einer Arbeit, die Spaß macht, ausreichend Schlaf sowie dem Gefühl, sein Leben selbst zu steuern.[105] [106]

Gesund zu bleiben und **Krankheit** zu vermeiden ist in vielen Fällen durch wenige Maßnahmen erreichbar. Alles hängt mit allem zusammen.

Der Betriebswirtschaftsprofessor, Altersforscher und Bestsellerautor Sven Völpel beschreibt in „Die Jungbrunnen-Formel, wie wir bis ins hohe Alter gesund bleiben" mit einer einfachen „Formel", was jeder selbst tun kann:[107]

„Jungbrunnenformel:

Innere Einstellung + Ernährung + Bewegung + Entspannung + soziale Kontakte = Strahlendes Wohlbefinden bin ins hohe Alter"

Zufriedenheit und Glück, das haben wir bereits auf den letzten Seiten angesprochen, sind in besonderem Maße von unserer Gesundheit abhängig. Daher spielen auch teils neuere Forschungen eine Rolle, wie man seinen Körper und seinen Geist bis ins hohe Alter gesund erhält.

Die beiden ersten oben aufgeführten Formelbestandteile Innere Einstellung und Ernährung oder Stress und Übergewicht hängen eng miteinander zusammen.

Und dass alle Krankheiten im Darm beginnen, hat schon Hippokrates gewusst. Denn am Anfang war der Darm, in dem sich dann das Hirn entwickelte. Daher ist das Gehirn auch eine Weiterentwicklung des Darmnervensystems, und damit ist unsere Intelligenz tatsächlich im Darm entstanden. Und damit scheinen Psyche, Hirn, Darm, Körperfett und Ernährung ein zusammenhängendes System zu sein. Der Darm ist außerdem ein wichtiges Sinnesorgan, denn Darmbakterien und -parasiten bestimmen die Persönlichkeit mit. So können Essstörungen wie Bulimie Folge einer Entzündung im Darm sein, die das Hirn angreift. Und schließlich leben Parasiten im Darm, die versuchen,

Denken, Fühlen und Handeln zu beeinflussen, wie zum Beispiel Toxoplasmen, die Psychosen auslösen könnten.[108]

Verantwortlich für Übergewicht ist zum großen Teil der übermäßige Konsum von Zucker, was wiederum mit dem Hirnbelohnungssystem zusammenhängt. In den afrikanischen Savannen, wo der moderne Mensch herstammt, und wo sich das Belohnungssystem entwickelte, waren Fettpolster ein eklatanter Vorteil zum Überleben.[109]

Der Wissenschaftsjournalist und Bestsellerautor Bas Kast hat die 12 wichtigsten Ernährungstipps zusammengestellt:[110]

1. Essen Sie echtes Essen, keine verarbeiteten Lebensmittel

2. Machen Sie Pflanzen zur Hauptmahlzeit

3. Besser Fisch als Fleisch

4. Joghurt: ja, Käse: okay, Milch: so lala

5. Zucker minimieren und industrielle Transfette meiden

6. Keine Angst vor Fett, d. h. gerne zwei Handvoll Nüsse pro Tag

7. Schlankmachertipp 1: Low-Carb, das heißt wenig bis keine Kohlenhydrate, ist keine „Mode-Diät", sondern gerade bei Übergewicht ein Versuch wert.

8. Schlankmachertipp 2: Eiweißeffekt nutzen, aber maximal ein Ei täglich, besser Quark und Joghurt

9. Schlankmachertipp 3: Praktizieren Sie „Zeitfenster-Essen", das heißt, immer mal lange Pausen zwischen den Mahlzeiten machen

10. Schlankmachertipp 4: Omega-3 in Form von Walnüssen, Rapsöl etc. aufnehmen

11. Keine Vitaminpillen und Salz sparsam verwenden

Genießen!

Bewegung, Entspannung und soziale Kontakte machen dann das Wohlbefinden komplett.

Deutschland ist ein Volk von Bewegungsmuffeln, es landet weltweit auf dem 15. Platz der inaktivsten Länder, ähnlich wie die USA und Italien. 58 Prozent der Menschen sind in Deutschland betroffen. Am wenigsten wird sich in Kuwait bewegt (67 Prozent), während sich in Uganda als Spitzenreiter weltweit 95 Prozent der Menschen ausreichend bewegen. Durchgeführt haben diese Studie die Wissenschaftler von der Weltgesundheitsorganisation (WHO). Sie sehen die Folgen des Bewegungsmangels dramatisch; so sind im Schnitt Menschen, die sich wenig bewegen, häufiger von Herz-Kreislauf-Erkrankungen von Herzinfarkt bis Schlaganfall betroffen, werden häufiger übergewichtig oder entwickeln einen Typ-2-Diabetes und Brust- beziehungsweise Darmkrebs. Als ausreichende Bewegung galten für die Studie die Richtlinien der WHO: Mindestens 150 Minuten moderate Bewegung (etwa Tanzen, Gassi gehen mit dem Hund oder Spielen mit Kindern) oder 75 Minuten intensive Bewegung (zum Beispiel Joggen, Mannschaftssport oder schnelles Radfahren) pro Woche.[111]

Wie bereits vorher in diesem Kapitel in punkto psychischer Gewalt beschrieben, sind gerade Menschen, die anders sind, oft Mobbinghandlungen und Nachteilen in beruflichen wie auch privaten Belangen ausgesetzt. Leider sind aber gerade Menschen, die „out of the box" denken, wichtig für die (fast!?) überwältigenden Aufgaben, die noch vor uns liegen.[112]

So schreibt Carolin Emcke in ihrem Buch „Gegen den **Hass**" davon, dass sich die Standards des Miteinanders schlicht verkehrt haben.

Als müsse man sich schämen, wer Respekt anderen gegenüber für eine selbstverständliche Form der Höflichkeit hält, und als dürfe stolz sein, wer anderen den Respekt verweigert, ja, wer möglichst laut Grobheiten und Vorurteile herausschleudert. Und sie hält es für keinen zivilisatorischen Zugewinn, wenn ungebremst gebrüllt, beleidigt und verletzt werden darf. Und die Autorin hält es weiter für keinen Fortschritt, wenn jede innere Schäbigkeit nach außen gekehrt werden darf, weil angeblich neuerdings dieser Exhibitionismus des Ressentiments von öffentlicher oder gar politischer Relevanz sein soll. Und was noch bedrohlicher ist: Das Klima des Fanatismus hier und anderswo, eine Dynamik aus immer fundamentalerer Ablehnung von Menschen, die anders oder nicht glauben, die anders aussehen oder homosexuell oder bisexuell sind, oder über eine besondere Begabung verfügen oder mit besonderen Eigenschaften und Fähigkeiten (Inselbegabungen) ausgestattet sind.[113]

Und sie schreibt weiter: „Weil wir nicht wissen, wie wir diesem Gebrüll und dem Terror begegnen sollen, weil wir uns wehrlos fühlen und gelähmt, weil es uns die Sprache verschlagen hat vor Grauen. Denn das ist ja leider eine der Wirkungen des Hasses: Dass er die, die ihm ausgeliefert sind, erst einmal verstört, dass er ihnen die Orientierung nimmt und das Vertrauen. Nicht gesehen, nicht erkannt zu werden, unsichtbar zu sein für andere, ist wirklich die existentiellste Form der Missachtung. Die unsichtbar sind, die sozial nicht wahrgenommen werden, gehören zu keinem Wir. Ihre Äußerungen werden überhört, ihre Gesten werden übersehen. Die, die unsichtbar sind, haben keine Gefühle, keine Bedürfnisse, keine Rechte."[114]

Und sie schließt: „Was bedeutet das für diejenigen, die nicht mehr gesehen, die nicht mehr als Menschen wahrgenommen werden? Wenn sie übersehen oder als etwas Anderes gesehen werden, als sie sind? Als Fremde, als Kriminelle, als Barbaren, als Kranke, in jedem Fall aber als Angehörige einer Gruppe, nicht als Individuen mit verschiedenen Fähigkeiten und Neigungen, nicht als verletzbares Wesen mit einem Namen und Gesicht? Wie sehr nimmt diese soziale Unsichtbarkeit ihnen auch ihre Orientierung, wie sehr lähmt es sie in ihrer Fähigkeit, sich zu wehren?"[115]

Während ich diese Zeilen im Sommer 2024 schreibe, erfährt man immer wieder von Angriffen auf Politiker aller Couleur. Besonders, so erscheint es mir, werden Politiker der GRÜNEN angefeindet und auch tätlich angegriffen. Das hat sicherlich auch mit der Klimakrise zu tun.

So sagt die Expertin für Mobilität, Katja Diehl, in einem Interview zusammen mit dem Psychologen Stephan Grünewald in der Zeitschrift chrismon: „In der Klimakrise können wir nicht so tun, als könnten wir immer so weitermachen. Aber Veränderung ist immer schwierig, weil Leute sich an Routinen gewöhnen, und Mobilität ist die größte Routine." Auch Grünewald spricht von einer Angst vor Autonomieverlust, da die Menschen Angst haben, nicht mehr handlungsfähig zu sein. Bis vor einiger Zeit gaben Smartphones den Menschen das Gefühl, virtuose Weltbeherrscher zu sein. In Nullkommanix konnte man Transaktionen tätigen, nach Partnern suchen und Reisen buchen. Diese Allmachtserfahrung hat mit Corona und den Kriegen und Krisen ungeheure Risse bekommen. Und der Klimawandel scheint als so großes Problem, dass man sich auch zunehmend wirkungslos fühlt. Diese Ohnmachtserfahrungen sind dann Hasstrigger, denn der größte Störfall ist das Gefühl, nicht mehr handlungsfähig zu sein. Und gerade für Katja Diehl, die Mobilitätskonzepte entwickelt, ist es schwer Leuten Dinge klarzumachen, die sie sich nicht vorstellen können. Denn man kann kaum Lust auf etwas wecken, von dem keine Vorstellung da ist. Alles reduziert sich in Deutschland auf das Auto. Katja Diehl: „Das Auto ist das größte mitnehmbare Statussymbol. Ich zitiere frei aus dem Film ‚Fight Club': ‚Wir kaufen Sachen von Geld, das wir nicht haben, um Menschen zu beeindrucken, die wir hassen.'" Statt in die Zukunft zu schauen, wird in den Rückspiegel geblickt.[116]

Daher haben auch Populisten hohen Zulauf, die sich den Hass mit einfachen Patentlösungen für Fragen wie Migration, Energie, Bildung, Gesundheit und Sicherheit u. a. zunutze machen. Die meisten Stimmen für die AfD sind basierend auf Dummheit, Hass und Protest.

Befasst man sich mit einer weiteren Plage der Menschheit, der **Lüge**, ist man sofort bei den Populisten, wie bei der bereits erwähnten und in Teilen rechtsextremen AfD. Markenzeichen der Populisten ist zunächst einmal das Streuen von Lügen, Unwahrheiten, sogenannten Fake News, um das Volk erst einmal aufzuhetzen. Auch Teile der Presse springen oft auf diesen Zug aus, um mit reißerischen Überschriften das zahlende Publikum anzulocken. Als zum Beispiel über das Heizungsgesetz in Deutschland diskutiert wurde, hat man die Regierungsparteien so dargestellt, als ob sie die Hausbesitzer alle zwingen wollte, ihre Heizungen sofort rauszuschmeißen. Dies hat dann eine riesige Hasswelle ausgelöst. Aber auch hier wurden Fehler von der

Regierung begangen. Man hat das Gesetz nicht richtig transparent erklärt und viele auch insbesondere ältere Menschen mit kleinem Geldbeutel verschreckt. Hätte man den Menschen das Heizungsthema mit ihrem Lieblings-(Status)-Gegenstand Auto erklärt, hätten dies viele eher verstehen können. Denn man kauft ja auch, wenn das alte Fahrzeug nicht mehr will, auch nicht wieder eine alte Möhre, sondern versucht das technisch aktuelle am Markt erhältliche Fahrzeug zu bekommen. Natürlich werden zum Beispiel die Kosten für die Stromerzeugung in den nächsten Jahrzehnten eher sinken, da die für die Stromerzeugung dann verantwortlichen erneuerbaren Energien keinen großen Kostenblock zum Verfeuern von Gas und Öl vorhalten müssen. Und so werden auch die laufenden Kosten für Elektrofahrzeuge neben geringeren Wartungskosten sinken. Das Gleiche gilt für Öl- oder Gasheizungen kontra Wärmepumpen.

Das Streuen von Desinformationen hat eine lange Geschichte.

In einem sehr viel beachteten Buch hat Naomi Oreskes, eine Professorin für Geschichte und Wissenschaftsforschung an der Universität von Kalifornien in San Diego, die Machenschaften größtenteils zu Umweltfragen, aber auch zum Rauchen aufgelistet.[117]

Bekannt ist ja weithin, dass die großen Ölkonzerne bereits in den siebziger Jahren durch von Ihnen beauftragte Studien erkannt haben, was die Verbrennung fossiler Erdressourcen bewirken. Anfänglich hat man sich sogar öffentlich mit solchen Fragen befasst. Bis dann mächtige Strippenzieher in Politik und Wirtschaft dubiose Forschungsinstitute gegründet haben, die Zweifel an den von den Wissenschaftlern festgestellten schädlichen Wirkungen von CO_2 und anderer Gase in die Atmosphäre sähen sollten. In Verbindung mit sonstigen, sogenannten „Miet-mäulern", Wissenschaftler, die von der Industrie oder anderen Playern gekauft sind, versucht man seit Jahrzehnten, den schädlichen CO_2 - Effekt, der schon bereits 1896 von dem schwedischen Physiker und Chemiker und späteren Nobelpreisträger Svante Arrhenius entdeckt wurde, herunterzuspielen.[118]

Obwohl 63 Prozent der Deutschen die Aussage, dass der menschengemachte Klimawandel existiere als „Sicher richtig" und 28 Prozent als „Wahrscheinlich richtig" bezeichnen, und nur 6 Prozent glauben, dass er „Wahrscheinlich falsch ist" und weitere 2 Prozent das als falsch bewerten, sind die Verharmloser weiter am Werk.[119]

In Deutschland ist hier der 2007 gegründete Verein „EIKE" besonders aktiv. Und EIKE ist mit einem der zentralen Akteure der US-amerikanischen Bewegung, dem Heartland Institute, eng verbunden. Von der Tabakindustrie finanziert machte die konservativ-libertäre Denkfabrik in den neunziger Jahren zunächst vor allem gegen das Rauchverbot mobil. Mittlerweile ist allerdings der Kampf gegen den Klimaschutz ihr wichtigstes Thema. In der Vergangenheit unterstützten Erdölkonzerne die Heartland-Arbeit, und auch industrienahe ultrakonservative Großspender gehören zu den Geldgebern. Allerdings hat sich eine ganze Reihe abgewandt, seit eine Heartland-Kampagne Klimaschützer mit Massenmördern gleichsetzte.[120]

„Wir arbeiten seit einigen Jahren sehr eng mit dem Heartland Institute zusammen", sagt EIKE-Gründer und -Vorsitzender Holger Thuß in Gera, bevor es den aus den USA angereisten Heartland - Präsidenten James Taylor auf die Bühne bittet. Er berichtet, dass etwa die Hälfte der US-Bevölkerung nicht an die Klimakrise glaube und in Europa sei das anders. Medien und Schulen würden die Köpfe der Menschen einseitiger

Propaganda fluten. Ohne Gruppen wie EIKE wäre die Sache verloren.[121]

Von einer Relevanz wie in den USA kann EIKE nur träumen, doch auch in Deutschland führt das Thema Klimawandelleugnung nicht nur ein Nischendasein am rechten (AfD-) Rand. In Gera spricht Fritz Vahrenholt, der als Sozialdemokrat von 1991 bis 1997 Umweltsenator in Hamburg war und anschließend unter anderem als Manager für Mineralöl- und Energiekonzerne arbeitete. Heute reist er durchs ganze Land und hält Vorträge.[122]

Die von EIKE verbreiteten Verschwörungsmythen dürften die Politik zumindest in Deutschland nicht von ihrem Kurs für einen verstärkten Klimaschutz abbringen. Aber Klimawandelskepsis und die dazugehörigen Desinformationen sind ein maßgeblicher Verursacher von Polarisierung, die vielfach im Rahmen einer demokratiefeindlichen Agenda eingesetzt wird. So analysierte das das Berliner Institute for Strategic Dialogue in einer aktuellen Studie zur Rolle von Klimaschutzthemen im Bundeswahlkampf. Die Debatte rund um das Klima habe sich so zu einem „Kulturkampf" entwickelt. Und den Leugnern und Verharmlosern scheint in diesem Kampf jedes Mittel recht. Umso größer sind die Herausforderungen der neuen Bundesregierung, denn sie muss Deutschland nicht nur auf den schwierigen Pfad zum 1,5 - Grad - Ziel bringen, sie muss auch dafür Sorge tragen, nicht noch mehr Menschen an ein gesellschaftliches Lager zu verlieren, dem Wissenschaft, Redlichkeit und demokratischer Diskurs nicht viel bedeuten.[123]

Nun, denke ich, haben wir das kranke „Thier" Mensch zwar nicht erschöpfend aber doch mit seinen Hauptmerkmalen kennengelernt. Im zweiten Teil dieses Bandes möchte ich mich mit einem Philosophen beschäftigen, der mehr als nur ein „Philosoph der Moderne"[124] gelten sollte. Denn seine Aussagen und Konzepte erscheinen mir auch weitreichend genug für die Postmoderne. So werden im nächsten Teil auch seine seherischen Qualitäten durch ein Zitat aus seinem letzten Buch Ecce homo, das er kurz vor sein Abgleiten in den Wahnsinn geschrieben hat, eingangs als Zitat vorangestellt.

Teil II

Kapitel 3

Nietzsche 1.0

„Ich kenne mein Loos. Es wird sich einmal an meinen Namen die Erinnerung an etwas Ungeheures anknüpfen, - an eine Krisis, wie es keine auf Erden gab, an die tiefste Gewissens-Collision, an eine Entscheidung heraufbeschworen gegen Alles, was bis dahin geglaubt, gefordert, geheiligt worden war. Ich bin kein Mensch, ich bin Dynamit."

Friedrich Nietzsche in Ecce homo, in: Schulte, G, Ecce Nietzsche, eine Werkinterpretation, Campus Verlag, Frankfurt / New York 1995, S. 123

Biografie /
Werk

Friedrich Nietzsche ist – anders als zum Beispiel Kant – werkseitig von seiner Lebensgeschichte nicht einfach zu trennen. **Biografie** und Werk werden auch bei den meisten Biografen chronologisch zusammen abgearbeitet. Nichtsdestotrotz möchte ich kurz ein paar Sätze zu seinem Leben zusammentragen.

Friedrich Nietzsche wurde im damals preußisch-sächsischen Röcken in einem protestantischen Pfarrhaus geboren - an Kaisers Geburtstag - so dass man ihn Friedrich Wilhelm nannte.

Nietzsches Vater starb, als er fünf Jahre alt war, so dass er unter lauter Frauen aufwuchs. Er besuchte das berühmte Internat von Schulpforta und bekam dort die Liebe zum griechischen Altertum vermittelt. Dies hat in wohl veranlasst, Altphilologie zu studieren, zunächst in Bonn und dann in Leipzig. Leipzig war es auch, wo Nietzsche in einem Antiquariat Schopenhauers „Die Welt als Wille und Vorstellung" in die Hand bekam, was er in einem Zuge verschlang und seitdem von Schopenhauer fasziniert war. In Leipzig fand auch seine Liebe zur Musik Nahrung, als er dort mit dem Werk Richard Wagners (1813-1883) in Berührung kam und Wagner auch persönlich traf. Mit 24 Jahren erhielt Nietzsche ohne vorherige Promotion den Ruf als Professor der klassischen Philologie an der Universität Basel. Bis 1979 arbeitete er zehn Jahre dort, dann erkrankte Nietzsche schwer und musste sein Lehramt aufgeben und um seine Pensionierung bitten. In den nachfolgenden Jahren hielt er sich meist in Oberitalien und an der Riviera auf, im Sommer war er dann in Sils Maria im Oberengadin. 1882 besuchte ihn dort die junge russische Generalstochter Lou Andreas-Salomé (1861-1937), die seine Anbandelungsversuche nicht erwiderte, aber mit ihm befreundet blieb. Sie war später die Muse Rainer Maria Rilkes sowie eine Schülerin Siegmund Freuds. Nietzsches Wanderleben dauerte weitere zehn Jahre, in denen er sich sehr einsam fühlte. Er arbeitete ohne Unterlass und musste seine Schriften der stetig fortschreitenden Krankheit abringen, vermutlich eine progressive Paralyse als Folge von Syphilis. Nach seinem geistigen Zusammenbruch im Januar 1889 pflegte ihn noch 12 Jahre seine Mutter, später nach deren Tod seine Schwester, bis ihn, 56jährig, der Tod erlöste.[125]

Da sein **Werk** im biografischen Kontext zu sehen ist, ist es auch besonders wichtig, Nietzsches Gedanken im Zeitablauf zu analysieren. Grobschnittig gibt es bei ihm eine Frühphase, eine mittlere Periode sowie auch späte Aufzeichnungen, die bis zu seinem Zusammenbruch im Januar 1889 reichen. Seit vielen Jahren begleitet mich die Literatur von und über Friedrich Nietzsche. Er ist mir sozusagen ans Herz gewachsen, und ich halte ihn, nicht nur weil er der weltweit meistzitierte Philosoph ist, auch für den wirkmächtigsten Philosophen, der seiner Zeit weit voraus war und selbst in seiner Art Autobiografie und eigener Werkschau Ecce Homo schreibt.:[126] „Ich selber bin noch nicht an der Zeit, Einige werden posthum geboren."

Nietzsche, der als Philosoph immer eine Sonderstellung innehatte, da er, mehr Dichter und auch Musiker, sprachgewaltige Werke mit geistvollen Aphorismen verfasst und auch – aufgrund der auf den ersten Blick guten Lesbarkeit – einem leicht verständlich vorkommt, hat eine Tiefe und Klarheit in seinen Schriften, wie das nur bei wenigen Berufsgenossen vorkommt.[127] Und es ist sicher nicht möglich, auf den nächsten Seiten sein Werk vollumfänglich zu würdigen, aber trotzdem gibt es sehr interessante Theorien, die für die Zukunft unseres Denkens weiter prägend sein könnten. Daher möchte ich mich auch nur auf in der Zukunft „Verwertbares" aus seinen Schriften beziehen.

Dabei ist Nietzsches Selbstbewusstsein groß: „Es ist nicht unmöglich, dass ich der erste Philosoph des Zeitalters bin, ja vielleicht noch ein wenig mehr, irgendetwas Entscheidendes und Verhängnisvolles, das zwischen zwei Jahrtausenden steht." Er weiß sich in einer „entscheidenden Aufgabe, welche die Geschichte der Menschheit in zwei Hälften spaltet", und außerdem sieht er es als seine Berufung an, „die Menschheit zu Entschlüssen zu drängen, die über alle Zukunft entscheiden.‟[128]

In atemberaubendem Tempo schleudert Nietzsche seine Werke aus sich heraus. Trotzdem bleiben sie fast ohne Resonanz, was ihn maßlos enttäuscht und immer einsamer macht. Er nennt sich „den letzten Philosophen‟ und er weiß: „Ich bin immer am Abgrund.‟[129]

Der Abgrund tut sich dann tatsächlich auf, als Nietzsche 1889, 45jährig, zusammenbricht. Dies geschieht in Turin, als er schluchzend ein von einem Kutscher misshandeltes Pferd umarmt. Er wird unter wirren Reden in sein Hotel zurückgebracht. Die Ärzte diagnostizieren eine Paralyse, die sich Nietzsche wohl durch eine, in früheren Jahren erworbene Syphilis zugezogen hat. In den letzten 12 Jahren lebte er dann im Haus der Mutter. Der Theologe Overbeck, einer seiner getreuesten Freunde, berichtet aus dieser Zeit: „Es kam vor, dass er, in lauten Gesängen und Rasereien am Klavier sich maßlos steigernd, Fetzen aus der Gedankenwelt, in der er zuletzt gelebt hat, hervorstieß und dabei auch in kurzen, mit einem unbeschreiblich gedämpften Tone hervorgebrachten Sätzen sublime, sonderbar hellsichtige und unsäglich schauerliche Dinge über sich als Nachfolger des toten Gottes vernehmen ließ, das Ganze auf dem Klavier gleichsam interpunktierend, worauf wieder Konvulsionen und Ausbrüche eines unsäglichen Leidens erfolgten: doch wie gesagt, das kam nur vor in wenigen flüchtigen Momenten, soweit ich dabei gewesen; im ganzen überwogen die Äußerungen des Berufs, den er sich selbst zuschrieb, der Possenreißer der neuen Ewigkeiten zu sein, und er, der unvergleichliche Meister des Ausdrucks, war außerstande, selbst die Entzückungen seiner Fröhlichkeit anders als in den trivialsten Ausdrücken oder durch skurriles Tanzen und Springen wiederzugeben.‟[130]

Der „Philosoph mit dem Hammer" zertrümmert rücksichtslos alte als falsch erkannte Werte und richtet zugleich neue Werte und Ideale auf. Nietzsche ist dabei „antimoralistisch".[131] So geht er in seinem 1887 erschienen Hauptwerk „Zur Genealogie der Moral" zunächst von der Sklavenmoral aus, die mit den Juden beginnt.

Ihre Propheten hätten es fertiggebracht, die Begriffe „reich", „gottlos", „böse", „gewalttätig" und „sinnlich" in eins zu verschmelzen und dem Wort „Welt" eine negative Bedeutung beizulegen. Diese radikale Umkehrung aller natürlichen Wert- und Rangverhältnisse sei ein Akt geistiger Rache von Seiten der Niedrigen und Schlechtweggekommenen. Jetzt erscheinen die Elenden, Armen, Ohnmächtigen, Leidenden, Kranken und Häßlichen als die „Guten". Und die aristokratische Wertsetzung von gut gleich vornehm, schön, mächtig und glücklich verliert ihre Herrschaft.[132]

Starke und gesunde Instinkte, die sich unter der Herrschaft der Sklavenmoral nicht nach außen entladen können, müssen sich neue unterirdische Befriedigung suchen und wenden sich damit nach innen. So entsteht nach Nietzsche dann das „schlechte Gewissen". Der starke Mensch wird zum Tier, das, im Käfig der Sitte eingesperrt, sich selbst zerreißt und misshandelt. Und somit war die unheimlichste Erkrankung der Menschheit eingeleitet, das Leiden des Menschen an sich selbst.[133]

Nietzsche betreibt damit eine „Vivisektion" der Moral. Er legt die Seele auf den „psychologischen Secirtisch", wie er in „Menschliches Allzumenschliches" schreibt.[134] Dabei zielt er mit seinen Sentenzen „ins Schwarze der menschlichen Natur.[135] Das Ganze stellt er unter die Überschrift „Geschichte der moralischen Empfindungen", die, wie er meint, zu einem vernichtenden Ergebnis führt, denn, dass die Moral ihrer Herkunft gar nicht moralisch sei: Zitat in „Menschliches Allzumenschliches": „Man wird moralisch, - nicht weil man moralisch ist!" Kann man das, was man nicht von Anfang an ist, auch nicht mehr werden?[136]

Sein ihn leitendes Prinzip liegt dabei auf der Hand: Will man wissen, was Moral eigentlich sein könnte, dann hat man sich selbst aller moralischen Urteile zu enthalten. Der Beobachter hat dabei außerhalb des Phänomens zu stehen.[137]

Aber gerade bei der Moral führt dies zu besonderen Schwierigkeiten, denn der menschliche Beobachter ist als soziales Wesen und auch als vorurteilsloser Betrachter durchsetzt von Moral. Denn er ist unter ihr großgeworden und er begreift nicht nur die Taten anderer, sondern auch seine eigenen Aktivitäten in den Kategorien der Moral.[138]

Daher ergibt sich aus den vorherigen Ausführungen die wesentliche Einsicht, dass Moralität als Minimalbedingung ein Individuum verlangt, dass aus eigenem Antrieb handelt. Der Einzelne muss zumindest das Gefühl haben, durch nichts gezwungen zu sein.[139]

Das dies nicht immer gewährleistet werden kann, führt bei Nietzsche dazu, dass, anders als von Sokrates bis Kant, die Eigenart des Individuums und die Einheit der Person nicht gesichert werden kann. So ist daher Nietzsches Diktum von der „Selbstzertheilung des Menschen" als elementarer Einspruch zu verstehen, der die Moral bereits von ihren Bedingungen her für unmöglich erklärt.[140]

Aber wonach soll sich der Mensch richten? Diese Frage stellt Rüdiger Safranski unter anderem in seinem Buch „Das Böse oder Das Drama der Freiheit". Nach Safranski ist die Natur auf Ihre Weise vollkommen, sie ist, was sie ist. Der Mensch muss aber erst noch das werden, was er ist.[141] Friedrich Nietzsche hat hier einen etwas anderen Zugang, den er näher in seinem Spätwerk Ecce Homo wie folgt ausführt: [142]

„An dieser Stelle ist nicht mehr zu umgehn die eigentliche Antwort auf die Frage, wie man wird, was man ist, zu geben. Und damit berühre ich das Meisterstück in der Kunst der Selbsterhaltung — der Selbstsucht... Angenommen nämlich, dass die Aufgabe, die Bestimmung, das Schicksal der Aufgabe über ein durchschnittliches Maass bedeutend hinausliegt, so würde keine Gefahr grösser als sich selbst mit dieser Aufgabe zu Gesicht zu bekommen. Dass man wird, was man ist, setzt voraus, dass man nicht im Entferntesten ahnt, was man ist. Aus diesem Gesichtspunkte haben selbst die Fehlgriffe des Lebens ihren eignen Sinn und Werth, die zeitweiligen Nebenwege und Abwege, die Verzögerungen, die ‚Bescheidenheiten', der Ernst, auf Aufgaben verschwendet, die jenseits der Aufgabe liegen. Darin kann eine grosse Klugheit, sogar die oberste Klugheit zum Ausdruck <kommen>: wo nosce te ipsum das Recept zum Untergang wäre, wird Sich-Vergessen, Sich-Missverstehn, Sich-Verkleinern, -Verengern, -Vermittelmässigen zur Vernunft selber. Moralisch ausgedrückt: Nächstenliebe, Leben für Andere und Anderes kann die Schutzmassregel zur Erhaltung der härtesten Selbstigkeit sein. Dies ist der Ausnahmefall, in welchem ich, gegen meine Regel und Überzeugung, die Partei der ‚selbstlosen' Triebe nehme: sie arbeiten hier im Dienste der Selbstsucht, Selbstzucht. — Man muss die ganze Oberfläche des Bewusstseins — Bewusstsein ist eine Oberfläche — rein erhalten von irgend einem der grossen Imperative."

Nietzsches Gedankenwelt wird hier deutlich, indem er gerade in den letzten hier zitierten Sätzen mit der lateinischen Übersetzung für die Inschrift über dem Apollotempel „nosce te ipsum", oder: „Erkenne dich (selbst)", den Wahlspruch des Appollinischen und der einseitig rationalistischen Wissenschaftskultur im Gefolge des Sokrates zu einem der Hauptkritikpunkte erklärt.[143]

Dies wird ebenfalls in seiner etwas früher verfassten Schrift „Jenseits von Gut und Böse" konkretisiert, in der er schreibt:[144]

„Eine Sache, die sich aufklärt, hört auf, uns etwas anzugehn. – Was meinte jener Gott, welcher anrieth: „erkenne dich selbst"! Hiess es vielleicht: höre auf, dich etwas anzugehn! Werde objektiv!" – Und Sokrates? – Und der „wissenschaftliche Mensch"? –

Die Unmöglichkeit der Selbsterkenntnis ist auch in dem Werk Nietzsches „Die fröhliche Wissenschaft" (la gaya scienza") im Aphorismus 335 beschrieben: „‚Jeder ist sich selber der Fernste' – das wissen alle Nierenprüfer, zu ihrem Unbehagen; und der Spruch „erkenne dich selbst!' ist, im Munde eines Gottes und zu Menschen geredet, beinahe eine Bosheit."[145]

Dass die in Ecce Homo, „Warum ich so klug bin" in § 9 erwähnte „Selbstsucht" geradezu im Widerspruch zur Selbsterkenntnis steht, wird deutlich in der Zusammenschau von „Selbstsucht" und „Selbstzucht", was nicht nur klanglich pointiert daherkommt, sondern auch eine Intendierung Nietzsches zur Neubewertung der Selbstsucht darstellt.[146] Das Wort „Selbstsucht" verdankt sich der Shaftsbury-Übersetzung von Johann Joachim Spalding für das religiös verachtete „selphishness", die Shaftsbury für die schlimmste Sünde hielt. Daher hat die „Selbstsucht" auch in der Philosophie, zum Beispiel bei Schopenhauer, einen schlechten Ruf, da sie als maßlos und pathologisch gilt. Aber Nietzsche hält es für christlich-moralisch pervers, „dass man in der tiefsten Nothwendigkeit zum Gedeihen, in der strengen Selbstsucht (- das Wort ist schon verleumderisch -) das böse Princip sucht; das man umgekehrt in dem typischen Abzeichen des Niedergangs und der Instinkt-Widersprüchlichkeit, im ‚Selbstlosen‘, im Verlust an Schwergewicht, in der ‚Entpersönlichung‘ und ‚Nächstenliebe‘ (- Nächstensucht!) den höheren Werth, was sage ich! Den Werth an sich sieht!...“ So beschrieben in „Ecce Homo", Band 6 der Kritischen Studienausgabe (KSA) auf Seite 372.[147]

Dass das Bewusstsein eine Oberfläche darstellt, wie im Zitat vorne (Ecce Homo „Warum ich so klug bin" unter § 9) von Nietzsche dargestellt, ist eine philosophische Verallgemeinerung sowie metaphorische Entgrenzung einer im Horizont physiologischer Lektüren stehenden Notiz, die aus dem Studium von Michael Fosters „Lehrbuch der Physiologie" herrührt. Nietzsches Folgerung, dass Bewusstsein nur eine Oberfläche sei, wird von Fosters gehirnphysiologischen Erörterungen nicht hinreichend gedeckt.[148]

Dies erscheint aber meines Erachtens nachvollziehbar, sind doch viele Aspekte des menschlichen Bewusstseins bis heute ein Rätsel. Ich werde in späteren Kapiteln noch auf Bewusstseinsfragen eingehen.

In meinen vorherigen Ausführungen habe ich mich bereits kurz auf das Apollinische bei Nietzsche bezogen.

Hinter dem Begriffspaar apollinisch-dionysisch stecken in frühen Schriften Nietzsches ästhetische Ausdrucksformen, die darüber hinaus als Kräfte wirksam werden. Einerseits der Rausch und die Gemeinsamkeit (dionysisch), und andererseits die Distanz und Individuation (apollinisch). Aus Nietzsches eigener Sicht ist mit dem Apollinischen der Drang zum vollkommenen Für-Sich-Sein, zur Individualität, zu Allem, was vereinfacht, heraushebt, stark, deutlich, unzweideutig, typisch ist, gemeint. Das Apollinische als Traum, Ausdruck von Epos und Malerei, ist die spontane Erschaffung von Bildern, sozusagen aus Nietzsches Sicht das menschliche Urvermögen, das primitiv Künstlerische des Menschen. Für den von Nietzsche beabsichtigten Spannungsbogen reicht dies allerdings nicht aus. Dem Apollinischen stellt er das Dionysische als Symbol für das überschäumende Leben und unzerstörbare Lebensfreude entgegen. Das „rein" Dionysische ist eine überfließende Schaffenskraft, schiere Kreativität, formloses Chaos ohne Struktur von Ordnung, Form oder Harmonie. Es führt im Rausche seiner Erfahrung geradezu zur Auflösung der Individuation, zur Aufhebung jenes Moments, welches das Apollinische als Solches ausmacht. Erst dann wird jene „mystische Einheitsempfindung" wiedergewonnen, die „das Einssein als Genius der Gattung" auszeichnet. Dennoch will Nietzsche nicht das Dionysische per se und lehnt so den asiatischen Kult des Dionysos mit seiner Raserei und Ausschweifung als barbarisch ab. ER sucht vielmehr nach einem „Bruderbund" von Apollo und Dionysos, der erst die Spannung und die Probleme der griechischen Kultur greifen kann. Diese Wechselseitigkeit und Zusammenspiel der beiden antagonistischen Kräfte führt zur Aufhebung des „principium individuationis", also der rational-eigenständigen Lebensgestaltung (apollinisch) zugunsten eines dionysischen Rauscherlebnis. Und würde das Dionysische allein herrschen, wären Chaos und Dumpfheit das Resultat. Es ist daher ein vereinfachendes, ordnendes Moment vonnöten: Apollinische. Doch setzte sich dieses absolut, würde Erstarrung das Ende sein.[149]

Nietzsches Deutungen der beiden Götter als Kunsttriebe waren zu seinen Lebzeiten sehr umstritten. Denn Nietzsches Besetzung und Inanspruchnahme überwiegend des Dionysischen verkam in der späteren Zeit nicht nur zur einseitig trivialisierten Allerweltsformel für berauschende Lebensgefühle, sondern hatte auch eine politisierte Wirkungsgeschichte und Nutzung bis in die enthusiasmierte Boheme ab 1900 oder auch in den Rassismus eines Ludwig Klages mit seiner Philosophie des kosmogonischen Eros. „Die Vitalität des Dionysos sollte da arisch sein, während alle Dominanz des Geistes über die Seele, des Intellekts über das Leben als semitisch galt". Dionysos wurde zum rassistischen Überwesen, wiedererscheinend im dritten Reich, aber auch auf der linken Seite des politischen Spektrums. Dort konstatierte man eine Wiederkehr des Dionysischen in der Subkultur, Drogenkult und Psychedelismus und den Versprechungen einer entsublimierenden Emanzipation. Daher ist es unerlässlich festzustellen, dass es Nietzsche allein um die agonale Spannung der beiden Kräfte in einer tragischen Kultur mit dem Ziel einer Lebenssteigerung ging.[150]

Eine andere Idee Nietzsches sind die drei Verwandlungen, von denen er in seinem bekanntesten Werk, „Also sprach Zarathustra" berichtet.

Nietzsches Denken ist dabei extrem stark mit seinem eigenen Leben verbunden: „Ich habe meine Schriften jederzeit mit meinem ganzen Leib und Leben geschrieben." Darum sind die Wandlungen, die bei Nietzsche bestimmte Ideen machen, immer auch Stadien seines Existierens. Man kann davon ausgehen, dass das, was er in seinem bekanntesten Werk „Also sprach Zarathustra" im Namen Zarathustras sagen lässt, von ihm selbst kommt: „Drei Verwandlungen nenne ich euch des

Geistes: wie der Geist zum Kamele wird, und zum Löwen das Kamel, und zum Kinde zuletzt der Löwe." Dabei ist mit dem Kamel das Stadium der Ehrfurcht, des Glaubens an Ideale und des geduldigen Tragens des Überlieferten gemeint. Der Löwe symbolisiert das Zerbrechen obiger Überzeugungen und zeigt die Zeit des freien Geistes und des Durchlebens des Nihilismus. Das Kind schließlich weist auf eine Suche nach Überwindung des Nihilismus hin. Es ist das Stadium des unschuldigen Jasa-gens zum Leben hin, eine Zeit der neuen Gläubigkeit.[151]

Was es mit dem Nihilismus auf sich hat, werde ich später im Kapitel noch im Zusammenhang mit „Gott ist todt" näher erläu-tern.

In der „Umwerthung der Werthe" beschäftigt Nietzsche sich innerhalb seiner Moralkritik mit dem ökonomischen Sinn des Wertbegriffs, den er gezielt einsetzt, um dessen moralische Ver-absolutierung zu diskreditieren. So werden von ihm nicht der überzeitliche Geltungsanspruch des Werts, sondern die zeitliche Bedingtheit des Werts in einen Lebenszusammenhang gestellt und damit in einer Moralkritik dauerhaft herausgearbeitet. Und die kritische Praxis der „Umwertung" von Werten zielt daher auf die Veränderung allgemeiner, „geglaubter", Wertmaßstäbe ab. „Umwerthung der Werthe", auch verstanden als „Versuch einer neuen Auslegung des Geschehens", ist darum die Formel, die als Zuspitzung seiner Ganzheit als Spätwerk Nietzsches ent-spricht. Und eine weitere Eigenart der Werteproblematik liegt in der Nichtanordbarkeit, denn sie müssen zumindest eine par-tielle Anerkennung finden. So, wie die umgeprägte Geldmünze im Geldkreislauf akzeptiert werden muss, so verhält es sich mit der Reformulierung von Werten: Sie funktionieren eher als si-tuationsadäquate Beschreibung eines bereits im Vollzug befindenden Wertewandels, denn als kontextlose Einforderung neuer Werte. Daher bleiben die Umwertungsoperationen strukturell immer auf die in einer Gesellschaft schon gegebenen beziehungsweise zirkulierenden Wertsetzungen bezogen.[152]

Nietzsche beschäftigt sich so mit vielen anderen Philosophen, Religionsstiftern und Künstlern, die verschiedenste Wertekonzepte entwickelt haben. Insbesondere geht er auf den christlichen Glauben ein, hält Paulus und auch Luther für üble Gesellen. Nur Jesus und Buddha kommen noch relativ glimpflich davon.

Der Nietzsche-Biograf Rüdiger Safranski beschreibt in seinem vielfach preisgekrönten Werk „Nietzsche. Biografie seines Denkens" das Lehrstück vom „Willen zur Macht" mit folgenden Grundsätzen, soweit diese aus dem „Zarathustra" erkennbar sind: Zunächst steht im Mittelpunkt das Prinzip der Selbstüberwindung. Wille zur Macht ist erst einmal Wille zur Macht über sich selbst. Selbstüberwindung ist dabei aber mehr als Selbsterhaltung, wie sie das Zarathustraprojekt aus Ideen, Bildern und Szenen entwirft. Es ist Selbststeigerung, denn man denkt zu gering vom Leben, wenn man es nur als Trieb zur Selbsterhaltung sieht. Denn im Menschen ist das Selbst eine expansive Kraft, die eine Steigerungs- und Akkumulationstendenz beinhaltet. Denn was sich nur erhält, geht unter. Nietzsche sieht in der ausdrücklichen Selbstaffirmation mehr als den Willen zum Dasein. Und während Nietzsche an Zarathustra schrieb, begann er, den „Willen zur Macht" nicht nur als psychologische Formel für die Selbstüberwindung und -steigerung zu verwenden, sondern darüber hinaus ihn zu einem umfassenden Schlüssel für die Deutung aller Lebensfragen auszuarbeiten.[153]

Dieses Allumfassende wird im „Zarathustra" in dem Satz „Wie ich Lebendiges fand, da fand ich den Willen zur Macht"[154] bereits angedeutet. So steckt der Wille zur Macht nicht nur in der organischen und anorganischen Welt, sondern auch direkt in der Erkenntnis. Denn sie selbst ist ein Ausdruck des Willens zur Macht.[155]

„Alles Seiende wollt ihr erst denkbar m a c h e n: denn ihr zweifelt mit gutem Misstrauen, ob es schon denkbar ist."[156]

So entdeckt der Wille zur Macht in der Erkenntnis den Willen zur Macht in der erkannten Welt. Nach den drei Liedern im zweiten Buch des „Zarathustra" folgen diese Sätze in dem Abschnitt „Von der Selbst-Überwindung".

Hier beansprucht Zarathustra nicht weniger, als das „Geheimnis" des Lebens zu lehren. Und er gibt vor, dass er diese Lehre selbst vom Leben empfangen hat, um sie als dessen Sprachrohr wiederzugeben.[157]

Nietzsche alias[158] Zarathustra: „Euren Willen und eure Werthe setztet ihr auf den Fluss des Werdens; einen alten Willen zur Macht verräth mir, was vom Volke als gut und böse geglaubt wird."[159]

Hier erinnert der „Fluss des Werdens" an dem Philosophen Heraklit zugeschriebenen Ausspruch πάντα ῥεῖ (alles fließt) und damit der zur Illusion erklärten Vorstellung der Beständigkeit der Werte.[160]

Nach dem Philosophen Volker Gerhardt soll der „Willen zur Macht" die Dualität von „innerer" und „äußerer" Welt aufheben. Dessen Wirksamkeit basiert auf der Einheit Körper/Seele und sichert den Zusammenhang der Erscheinungen in der diesseitigen Welt, die durch innere Stimmigkeit auf kein Jenseits mehr angewiesen ist. Dabei ist der Machtbegriff keineswegs politisch gemeint, sondern primär der metaphysische Bedeutungsinhalt von „dynamis" und „potentia", der Nietzsche zur Wahl seines Leitmotivs anregt. Und so wird der Wille zur Macht zur Kraft, in die ein Sinn hineingelegt wird. Daher ist es eine bis heute noch nicht genau verstandene Konsequenz Nietzsches, wenn er den Sinn eines Individuums dort sieht, wo es sich selbst als Wille zur Macht begreift.[161]

Neben dem Willen zur Macht gibt es nach meiner Meinung das in der Bevölkerung bekannteste Denkkonzept Nietzsches - sieht man vom Tod Gottes oder dem Spruch: „gehst du zu Frauen, vergiss die Peitsche nicht"[162] -, ab, die Figur des Übermenschen. Den „Overman" oder „Superhuman"[163] lässt Nietzsche in „Also sprach Zarathustra" predigen: „Alle Götter sind tot. Nun wollen wir, dass der Übermensch leben möge: „Ich lehre euch den Übermenschen. Der Mensch ist Etwas, das überwunden werden soll." Zarathustra predigt weiter, dass der Mensch eine Brücke sei und kein Zweck. „Dies ist des Menschen Größe, da er ein Seil, geknüpft zwischen Tier und Übermensch sei, ein Seil über dem Abgrund."[164]

Mittlerweile hängt die Menschheit eher an einem seidenen Faden, wenn man diese Metapher für die aktuelle Zeit anwenden will. Schließlich plädiert auch der zeitgenössische Philosoph Peter Sloterdijk in seinem 2009 erschienenen Werk: „Du musst dein Leben ändern" für einen sich ewig trainierenden Menschen und zeigt dabei beispielhaft „Trainingspläne" und „Höchstleistungen" auf, die erforderlich sind, um Mensch zu sein und zu bleiben. Er nennt dieses Training in seiner üblichen wortschöpferischen Weise „Anthropotechnik".

Mit der Figur des Übermenschen schafft Nietzsche eine Projektionsfläche ohne Beispiel. Unzählige Zuschreibungen wie zionistischer   Aufbruch,   anarchistische   Radikalität, nationalistische Erhebung oder mystische Verklärung, aber auch kollektivistische Einschwörung, leibfixierte Kraftmeierei oder verkopfte Impotenz sowie weitere oft auch gegenläufige Eigenschaften sind im Laufe der Rezeptionsgeschichte aufgetaucht.[165]

Nietzschekenner Volker Gerhardt sieht den Übermenschen als „Gegensatz" zum herrschenden Durchschnitt, also das, was er früher den „Genius" nannte, die schöpferische, Werte schaffenden und Werte setzende Ausnahmefigur. In diesem Verständnis ist der Übermensch der starke „Typus höchster Wohlgeratenheit".[166]

Mehr noch: Der Mensch kann an dieser ihn überhöhenden, ihn letztlich selbst überwindenden Kraft seinen eigenen Anteil haben. So lässt Nietzsche Zarathustra im zweiten Teil in „Auf den glückseligen Inseln" sagen: „Einst sagte man Gott, wenn man auf ferne Meere blickte; nun aber lehre ich euch sagen: Übermensch. Gott ist eine Muthmaassung, aber ich will, dass euer Muthmaassen nicht weiter reiche, als euer schaffender Wille. Könntet ihr einen Gott s c h a f f e n?"[167]

Damit ist das höchste Ziel einer möglichen Umwertung vorgezeichnet. Daher ist es auch nur konsequent, dass an ihm der Mensch an sich sein Ende findet, da er hier bis zur Unkenntlichkeit über sich hinausgeht. Und aus der Perspektive des Übermenschen könnte er als etwas endgültig Überwundenes sein. So wie der homo sapiens im Rückblick auf den Affen als auf einen seiner Vorfahren hinabblickt, könnte der Übermensch eines Tages auf den Menschen herabsehen. Und in der 3. Vorrede des Zarathustra in Teil 1 schreibt Nietzsche alias Zarathustra: „Was ist der Affe für den Menschen? Ein Gelächter oder eine schmerzliche Scham. Und ebendas soll der Mensch für den

Übermenschen sein: ein Gelächter oder eine schmerzliche Scham."[168]

Durch diesen naturgeschichtlichen Vergleich darf man sich aber nicht täuschen: Zarathustras Vision ist keine biologistische Utopie, da kein Modell für eine künftige Evolution des Menschen entwickelt wird. Die Projektion vom Übermenschen erfolgt aus einer kulturgeschichtlichen Diagnose und diese wiederum aus der Sorge um das Schicksal der Menschheit. Dass dabei auch das mögliche Ende des Menschen in Rechnung gebracht wird, ist durchaus realistisch. Denn wenn kein Gott für das Dasein des Menschen eine Garantie erbringt, kann es jederzeit mit der Menschheit zu Ende sein. Daran erinnert der Begriff Übermensch in durchaus ernüchternder Art.[169]

Auch der Philosoph Jürgen Habermas verweigert sich der biologistischen Deutung des Übermenschen und bezeichnet zum Beispiel die Transhumanisten in seinem Werk „Die Zukunft der menschlichen Natur" an einer Stelle als einen Haufen wahnsinniger Intellektueller, die glücklicherweise nicht in der Lage sind, für ihr elitäres Denken eine größere Zahl an Unterstützern zu erhalten.[170]

Ein anderer Aspekt ist mit der biotechnologischen Entscheidungsfindung bezüglich der Moral verbunden. Zwar vermutet der Interviewte, Stefan Lorenz Sorgner, dass solche Verbesserungsmaßnahmen global verpflichtend wirksam sein müssten. Ein solches Vorhaben wäre jedoch hochgradig unplausibel und kann einige problembehaftete, möglicherweise totalitäre Folgen haben. Vielmehr geht er von einer Korrelation kognitiver Leistungssteigerungen und moralischem Fortschritt aus. Daher würde eine Verstärkung der kognitiven Leistungsfähigkeit auch die Chance des moralischen Fortschritts erhöhen, sodass gefährliche Implikationen von Zukunftstechnologien abgeschwächt werden könnten. Weiter geht der Philosoph Sorgner davon aus, dass kognitive Leistungsfähigkeit und abstraktes Denken eine Distanzierung von unseren eigenen Persönlichkeiten ermöglichen. Die Folge wäre, eigene Ziele zurückzustellen und die Interessen anderer stärker zu berücksichtigen.[171]

Ich werde auf diesen Aspekt im nächsten Kapitel Nietzsche 2.0 noch näher eingehen.

Friedrich Nietzsche hat immer wieder versucht, durch Aufenthalte vorwiegend in südlichen Gefilden Linderung seiner Leiden zu erfahren. Auf der Hochebene im schweizerischen Sils Maria kam ihm bei einer Wanderung der Gedanke von der „Ewigen Wiederkehr des Gleichen".

Im dritten Teil des „Zarathustra" wird diese Idee literarisch präsentiert und wie ein Geheimnis vorgestellt. Und die Sonderstellung der Lehre von der Wiederkunft ergibt sich aus der höchst seltenen Erwähnung in den nach dem „Zarathustra" aufgelegten Sonderschriften. Tatsächlich kommt Nietzsche an nur zwei Stellen auf seinen alles „überwindenden Gedanken" zurück. Diese Stellen befinden sich in seiner „Autobiografie" „Ecce homo", die er bis zu seiner geistigen Umnachtung im Januar 1889 anfertigte.[172]

Friedrich Nietzsche, der allgemein als größter Kritiker einer wie auch immer gearteten Metaphysik gilt, hat hier einen Gedanken geprägt, dem man eine gewisse „Esoterik" nachsagen muss.

Wichtig ist, dass die vom Nihilismus nahgelegte Interpretation, „als ob es gar keinen Sinn im Dasein gebe, als ob alles u m s o n s t sei", nicht die Quintessenz der Wiederkunft darstellt. Denn sie lenkt alle Sinn- und Handlungsansprüche auf Ihren

Ursprung, auf den Menschen, zurück. Der „abgründlichste Gedanke" kehrt durch seinen mit der eigenen Kultur vermittelten Sinn, ohne sich in der Unendlichkeit zu verlieren, wieder zu sich selbst zurück. Und wo mit Blick auf die Geschichte das Nichts droht, stellt die Wiederkunft den „eigenen" Sinn in den Vordergrund.[173]

So wird dies als der „schwerste Gedanke" Nietzsches bezeichnet, denn man muss stark sein, ihn zu ertragen. Wem es allerdings gelingt, auf Lohn und Erlösung für ein wie auch immer gedachtes Ende zu verzichten und sich stattdessen damit begnügt, seine Erfüllung ganz in seinen Aktivitäten zu finden, weil sie seine eigenen Aufgaben sind, der erhält dadurch neue Kräfte. Denn so wird ihm die Lehre von der ewigen Wiederkunft bewusst, wie sehr es auf jeden Augenblick im Leben ankommt.[174]

Ich werde diese Gedanken im nächsten Kapitel Nietzsche 2.0 weiter entwickeln.

Nachfolgend werde ich mich mit dem „letzten Menschen" und dem „Tod Gottes" beschäftigen. Beides lässt sich anhand dieses nachfolgenden Textes gut herleiten:

Bei „Die fröhliche Wissenschaft" tritt unter § 125 ein Mensch auf, der in einem der wirkmächtigsten Texte Nietzsches ausführlich wiedergegeben ist:[175]

„Der tolle Mensch. — Habt ihr nicht von jenem tollen Menschen gehört, der am hellen Vormittage eine Laterne anzündete, auf den Markt lief und unaufhörlich schrie: „Ich suche Gott! Ich suche Gott!" — Da dort gerade Viele von Denen zusammen standen, welche nicht an Gott glaubten, so erregte er ein grosses Gelächter. Ist er denn verloren gegangen? sagte der Eine. Hat er sich verlaufen wie ein Kind?

sagte der Andere. Oder hält er sich versteckt? Fürchtet er sich vor uns? Ist er zu Schiff gegangen? ausgewandert? — so schrieen und lachten sie durcheinander. Der tolle Mensch sprang mitten unter sie und durchbohrte sie mit seinen Blicken. ‚Wohin ist Gott? rief er, ich will es euch sagen! Wir haben ihn getödtet, — ihr und ich! Wir Alle sind seine Mörder! Aber wie haben wir diess gemacht? Wie vermochten wir das Meer auszutrinken? Wer gab uns den Schwamm, um den ganzen Horizont wegzuwischen? Was thaten wir, als wir diese Erde von ihrer Sonne losketteten? Wohin bewegt sie sich nun? Wohin bewegen wir uns? Fort von allen Sonnen? Stürzen wir nicht fortwährend? Und rückwärts, seitwärts, vorwärts, nach allen Seiten? Giebt es noch ein Oben und ein Unten? Irren wir nicht wie durch ein unendliches Nichts? Haucht uns nicht der leere Raum an? Ist es nicht kälter geworden? Kommt nicht immerfort die Nacht und mehr Nacht? Müssen nicht Laternen am Vormittage angezündet werden? Hören wir noch Nichts von dem Lärm der Todtengräber, welche Gott begraben? Riechen wir noch Nichts von der göttlichen Verwesung? — auch Götter verwesen! Gott ist todt! Gott bleibt todt! Und wir haben ihn getödtet! Wie trösten wir uns, die Mörder aller Mörder? Das Heiligste und Mächtigste, was die Welt bisher besass, es ist unter unseren Messern verblutet, — wer wischt diess Blut von uns ab? Mit welchem Wasser könnten wir uns reinigen? Welche Sühnfeiern, welche heiligen Spiele werden wir erfinden müssen? Ist nicht die Grösse dieser That zu gross für uns? Müssen wir nicht selber zu Göttern werden, um nur ihrer würdig zu erscheinen? Es gab nie eine grössere That, — und wer nur immer nach uns geboren wird, gehört um dieser That willen in eine höhere Geschichte, als alle Geschichte bisher war!‘ — Hier schwieg der tolle Mensch und sah wieder seine Zuhörer an:

auch sie schwiegen und blickten befremdet auf ihn. Endlich warf er seine Laterne auf den Boden, dass sie in Stücke sprang und erlosch. ‚Ich komme zu früh, sagte er dann, ich bin noch nicht an der Zeit. Diess ungeheure Ereigniss ist noch unterwegs und wandert, — es ist noch nicht bis zu den Ohren der Menschen gedrungen. Blitz und Donner brauchen Zeit, das Licht der Gestirne braucht Zeit, Thaten brauchen Zeit, auch nachdem sie gethan sind, um gesehen und gehört zu werden. Diese That ist ihnen immer noch ferner, als die fernsten Gestirne, — und doch haben sie dieselbe gethan!‘ — Man erzählt noch, dass der tolle Mensch des selbigen Tages in verschiedene Kirchen eingedrungen sei und darin sein Requiem aeternam deo angestimmt habe. Hinausgeführt und zur Rede gesetzt, habe er immer nur diess entgegnet: ‚Was sind denn diese Kirchen noch, wenn sie nicht die Grüfte und Grabmäler Gottes sind?‘ —"

Der obige Text weißt zunächst eine klare Dreiteilung auf: Auf eine knapp einführende Erzählrede, die ein imaginäres Publikum adressiert, folgt im Hauptteil eine nur kurz unterbrochene ihrerseits an eine fiktive Zuhörerschaft gerichtete direkte Rede der Titelfigur, die mittels rhetorischer Fragen und Ausrufe den „Tod Gottes" sowie seine möglichen Konsequenzen verkündet. Zum Schluss ergreift der Erzähler wieder selbst das Wort, indem er in geraffter Form wiedergibt, was nach der Rede noch geschehen und gesagt worden sei.[176]

Nietzsche zeigt hiermit in seiner Verwerfung der religiösen Idee eines Gottes den Nihilismus, der dann frei wird. Dieser Nihilismus führt dann weiter bei dem „letzten Menschen" dazu, dass er vor den Scherben einer zerbrochenen Moral steht, die in Ermangelung neuer Werte weder wiederhergestellt noch neu entwickelt werden kann. Doch hierzu mehr im nächsten Kapitel Nietzsche 2.0.

Zu den obigen Ausführungen gehört unbedingt der Einbezug des „Freigeists" oder freien Geister, die in dem Werk Nietzsches „Menschliches, Allzumenschliches" schon im Titel angelegt sind: „Menschliches, Allzumenschliches. Ein Buch für freie Geister".

In diesem Band tritt der Freigeist als philosophische Gestalt und als Repräsentant von Nietzsches spezifischer Aufklärung in den Vordergrund. Und zu seinen wesentlichen Merkmalen gehört eine zunehmende Loslösung und Entfremdung von den Fesseln der Tradition.[177]

Und der freie Geist hat vor allem die Aufgabe, überholte und fest gewordene Vorurteile zu zertrümmern. Dies geschieht in dreifacher Hinsicht: Zunächst geht es um das Zerbrechen des Glaubens an Wahrheit. Das Zeitalter denkt, die Wahrheit zu besitzen, da es auf den Fortschritt der wissenschaftlichen Erkenntnis stolz ist. Nietzsche hat aber entdeckt, dass das Zeitbewusstsein unterhöhlt ist. Der Mensch ist so beschaffen, dass er keine Möglichkeit hat, die absolute Wahrheit zu erfassen. Es bleibt nach Nietzsche nur „die Einsicht, dass jeder Glaube, jedes Führwahrhalten notwendig falsch ist". Damit zeigt der Nihilismus zum ersten, dass es nichts mit der Wahrheit ist. Und zum zweiten ist es nichts mit der Moral. Nietzsche erkennt mit voller Klarheit die Fragwürdigkeit der gelebten Moral: Sie verkündigt sittliche Grundsätze, handelt aber nicht danach. Und dies wird im absoluten Nihilismus klar. Da er „Glaube an die absolute Wertlosigkeit", „Glaube an die absolute Sinnlosigkeit" ist. Und die Notwendigkeit einer solchen nihilistischen Umstürzung der Moral liegt in ihr selbst begründet. Sie hat sich, indem sie zur Widernatur geworden ist, gegen das Leben gewendet. Und zum dritten heißt Nihilismus, dass es nichts mit der Religion ist. Denn das Christentum zerbricht an sich selbst, weil es sich vom unmittelbaren Leben abgekehrt hat und daher vom Grunde her nihilistisch wurde. Der Zusammenbruch des Christentums entsteht aus ihm selbst, aus den in ihm herangezogenen Instinkt der Wahrhaftigkeit heraus. Deshalb sei jetzt die Zeit gekommen, wo „die Ehrfurcht gebietende Katastrophe einer zweitausendjährigen Zucht zur Wahrheit sich die Lüge im Glauben an Gott verbietet."[178]

Durch den Zusammenbruch der Religion wird enthüllt, was diese schon immer war: „Menschen-Werk und -Wahnsinn". Und so zeigt sich die tiefste Tiefe des Nihilismus in einem Satz: "Gott ist tot." „Wohin ist Gott? Ich will es euch sagen. Wir haben ihn getötet, - ihr und ich! Wir alle sind seine Mörder!"[179]

Aber auch für Nietzsche stellt sich die Frage, ob man beim Nihilismus stehen bleiben soll. Und er erblickt daher im Nihilismus „das hoffnungsvollste aller Schauspiele". „Der dritte Gang. Große Entscheidung, ob tauglich zur positiven Stellung, zum Bejahen. Kein Gott, kein Mensch mehr über mir! Der große Instinkt des Schaffenden, der weiß, wo er die Hand anlegt. Die große Verantwortung und die Unschuld." „Wir wagen uns in die Weite, wir wagen u n s daran. Unsre Stärke selbst zwingt uns aufs Meer, dorthin, wo alle Sonnen bisher untergegangen sind: wir wissen um eine neue Welt."[180]

Nachdem ich nun Kerngedanken Nietzsches formuliert habe, möchte ich noch kurz auf ein Buch mit dem Titel „Der gemiedene Schlüssel" von der im Jahre 2010 verstorbenen polnischschweizerischen Autorin und Psychologin Alice Miller, das im Suhrkamp-Verlag in 1988 erschienen war, eingehen. Dieses relativ selten ausgewertete Psychogramm erklärt Nietzsches Persönlichkeit. So schreibt sie: „Es geht mir hier nicht darum,

Nietzsches Leben aus seiner Kindheit zu erklären, sondern seine Philosophie auf dem Hintergrund seiner Kindheitserfahrungen zu verstehen."[181]

Der kleine Nietzsche wuchs in einem reinen Frauenhaushalt auf, wo er von der Mutter, seiner Großmutter und zwei Tanten streng erzogen wurde. Sein geliebter Vater war ja dabei, seinen Verstand zu verlieren und hat in diesem Zustand noch elf Monate im gemeinsamen Haushalt gelebt, bevor er an der sogenannten „Gehirnerweichung" verstarb.

Dieser Vater, mit dem das sensible Kind zuweilen spielen durfte, hat ihn oft aufs strengste bestraft und in dunkle Kammern gesperrt. Gefühle durfte das Kind nicht ausdrücken, ja es durfte überhaupt nicht fühlen. Und Friedrich Nietzsche überlebte diese Kindheit, er überlebt die über hundert Erkrankungen pro Jahr während seiner Zeit im Gymnasium, ständige Kopfschmerzen, rheumatische Beschwerden, die die Biografen fleißig nachgezählt haben, ohne nach deren Ursachen zu forschen. Und mit 12 Jahren schreibt er ein Tagebuch, wie es ein Erwachsener geschrieben hätte, angepasst, vernünftig und brav. Jedoch in der Adoleszenz brechen dann die einst unterdrückten Gefühle aus ihm heraus und es entstehen Werke, von denen andere Jugendliche späterer Generationen erschüttert werden.[182]

Es war daher auch nicht die schlechteste Art, mit dem berechtigten brennenden Zorn fertig zu werden, indem man ihn auf das Christentum richtete, um das Elternhaus zu schonen und die Idealisierung der Eltern beizubehalten.[183]

Die enge Verknüpfung von Leben und Werk Nietzsches wird von vielen Biografen bestätigt, doch selten finden sich Hinweise auf seine Kindheit.[184]

So brauchten Mutter wie Schwester Nietzsches Friedrichs Abhängigkeit von ihnen bis zu seinem Ende. Aber immerhin hatte er den Mut, nachdem er erkrankte, die Professur in Basel aufzugeben, um das System freier kritisieren zu können.[185]

Obwohl Friedrich als Lebensphilosoph gilt, hat er sein Leben selbst nie richtig leben dürfen.

So schreibt er am 14. Januar 1880 an seine Freundin von Meysenbug: „Denn die furchtbare und fast unablässige Marter meines Lebens lässt mich nach dem Ende dürsten, und nach einigen Anzeichen ist mir der erlösende Hirnschlag nahe genug, um hoffen zu dürfen." Und im Jahr 1887 sagt er zu Paul Deussen die bezeichnenden Worte: „Ich glaube, daß es nicht mehr lange mit mir dauern wird. Ich bin jetzt in den Jahren, in welchen mein Vater starb und ich fühle, daß ich demselben Leiden erliegen werde wie er."[186]

Alice Millers Psychogramm Nietzsches endet mit nachfolgenden Worten: „Hätte Nietzsche als Kind nicht lernen müssen, daß man Herr werden soll über den ‚unerträglichen Krampf von Schluchzen', hätte er als Kind einfach schluchzen *dürfen,* die Menschheit wäre um einen Lebensphilosophen ärmer, aber dafür wäre der Mensch Nietzsche um sein ganzes Leben reicher geworden. Und wer weiß, was dieser *lebende* Nietzsche der Menschheit *dann* hätte geben können?"[187]

Zusammenfassend ist es sicher nur ansatzweise möglich, Friedrich Nietzsches Gedankengänge, selbst in groben Zügen, wie hier geschehen, darzustellen. Ich habe mich auch überwiegend mit seinen Kernthesen beschäftigt, die auch für die Weiterentwicklungen und Spekulationen, die im nächsten Kapitel anstehen, relevant sein können. Allein „Übermensch", Wille zur Macht oder auch die Wertediskussion füllen tausende Bände

Sekundärliteratur; und dies noch obendrein in vielen Sprachen. Nietzsches Geist lebt so in einer unüberschaubaren Anzahl von Sekundärliteraturen fort.

Als Mitglied der Nietzsche-Gesellschaft e. V. erhalte ich einmal im Jahr einen Überblicksband über die Nietzscheforschung zugesandt. Weltweit nehmen viele – sowohl Hobbyforscher – wie auch Lehrstuhlinhaber an der Auswertung seiner Schriften teil. Leider kommen viele Analysen nicht über philologische Aspekte hinaus. Daher mein Versuch, hier die Schriften einmal unter zeitfragstellenden Gesichtspunkten nochmals auszuwerten und weiterzudenken. So werde ich mich im nächsten Kapitel mit den hier bereits dargestellten Gedankenkonstrukten beschäftigen.

Kapitel 4

Nietzsche 2.0

F. N. an Malvida von Meysenbug (1884):

"Ich habe Dinge auf meiner Seele, die hundert Mal schwerer zu tragen sind, als la bêtise humaine. Es ist möglich, daß ich für alle kommenden Menschen ein Verhängnis, das Verhängnis bin - und es ist im folgenden sehr möglich, daß ich eines Tages stumm werde, aus Menschen-Liebe!!!"

Philosophisches Weiterdenken /
Ökosophische Spekulationen

Im **Philosophischen Weiterdenken** liegt für mich der Versuch, einmal die Theoriengebäude Nietzsches in seinem Sinne weiterzuentwickeln aber auch mir die Freiheit zu lassen, eigene Erkenntnisse zu den drängenden Zeitfragen beizusteuern. Es geht mir in dem nachfolgenden Kapitel Nietzsche 2.0 nicht darum, wie zum Beispiel ein Theologe bei der Bibel eine rein exegetische Auslegung der Texte Nietzsches durchzuführen. Sondern ganz im Gegenteil möchte ich Nietzsches Aufforderung an den Leser, wie seine Texte zu lesen sind, beim Wort nehmen.

So schreibt er in einem Brief an Carl Fuchs am 29. Juli 1888:

"Es ist durchaus nicht nöthig, nicht einmal erwünscht, Partei für mich zu nehmen: im Gegentheil, eine Dosis Neugierde, wie vor einem fremden Gewächs, mit einem ironischen Widerstande, schiene mir eine unvergleichlich intelligentere Stellung zu mir."

Nietzsches Denken ist voller Zweideutigkeiten. Aber da er nichts Zweideutiges vertrug, konnte er sich vermutlich selbst nicht ertragen. Und daher ist zu warnen, nicht in den Abgründen, die Nietzsche aufreißt, zu versinken und dabei nicht irre zu werden. Dazu gehört aber auch, sich schonungslos zu öffnen, denn wer hier vorschnell die Augen verschließt, wird sich auch den Abgründen, die der gegenwärtige Weltzustand immer deutlicher zeigt, nicht ernstlich stellen. Und Nietzsche fordert uns – siehe Zitat oben – geradezu dazu auf, ihm auf die Finger zu sehn. Es ist, als hätte die Vermittlung von Physis und Geist in Nietzsche eine Abkürzung genommen, als wäre der Intellekt tiefer in den Stoffwechsel, seine Physis weiter ins Geistige geraten als bei gewöhnlichen Individuen.[188]

Machen wir es, wie es Schopenhauer in seinem handschriftlichen Nachlass beschreibt und bedienen wir uns eines wertvollen Werkzeugs, das uns die Mutter Natur zur Verfügung gestellt hat: Die menschliche Erfindungsgabe und die praktische Klugheit. Und in diesem Zusammenhang bieten Philosophen ein breites Repertoire an Möglichkeiten und erfüllen mit Ihren Sprüchen und Lehrmeinungen eine wichtige Funktion: „trösten, beraten, erziehen".[189]

Gerade in diesen Krisenzeiten ist „Trösten" ein sehr wichtiger Bestandteil, bevor praktische Lebensweisheiten weitergegeben werden. Auch die Soziologen haben entdeckt, dass es ohne Verabschiedung von alten Traditionen und Verlust in vielen Bereichen nicht mehr gehen wird. So hat der Soziologe Andreas Reckwitz ein ganzes Buch[190] zum Thema Verlust verfasst, das kürzlich erschienen ist. Ich werde in späteren Kapiteln noch darauf zu sprechen kommen.

Um Nietzsches Gedanken weiterentwickeln zu können, muss man ihn zunächst selbst fragen. Dabei wird man schnell fündig bei seiner Freundin Lou Andreas-Salomé (1861-1937), die in ihrer Biografie über Nietzsche (Nietzsche in seinen Werken) selbst Franz Overbeck zitiert, der einen Brief von Nietzsche im September 1882 erhalten hatte: „Das Nützlichste aber, was ich diesen Sommer gethan habe, waren meine Gespräche mit Lou. Unsere Intelligenzen und Geschmäcker sind im Tiefsten verwandt - ..." Und zwei Monate schreibt Nietzsche wieder an Overbeck: „Für mich persönlich ist L. ein wahrer *Glücksfund*, sie hat alle meine Erwartungen erfüllt – es ist nicht leicht möglich, daß zwei Menschen sich verwandter sein können, als wir es sind." Und selbst im August 1883, längst nach der Trennung von Lou von Salomé und Paul Reé und der Zeit der durch sie erzeugten Querelen, schreibt Nietzsche an Ida Overbeck, die Frau seines ehemaligen Basler Professorkollegen: „Und nun noch ein Wort über Frl. S. ... ich habe Niemanden so vorurtheilsfrei, so gescheut und so vorbereitet für *meine* Art von Problemen gefunden. Mir ist *seitdem*, als ob ich zum Stillschweigen oder zu einer humanen Heuchelei *im Verkehre mit allen Menschen* verurteilt sei." Und Lou schreibt dann weiter, dass man bei den Zitaten aus den Briefen Nietzsches an seinen Band „Menschliches, Allzumenschliches", 2. Band erinnert würde: „Tiefdenkende Menschen kommen sich im Verkehr mit Anderen als Komödianten vor, weil sie sich da, um verstanden zu werden, immer erst eine Oberfläche anheucheln müssen."[191]

Nach diesen Ausführungen liegt es nahe, dass man davon ausgehen kann, in Lou eine sehr intelligente Gesprächspartnerin Nietzsches vorgefunden zu haben. Daher möchte ich noch ein paar Passagen aus Lou's Biografie über Nietzsche anfügen und anschließend weiterdenken.

Siegmund Freud, der Nietzsches Werke auch kannte[192], hätte sicherlich große Freude an Lou's nachfolgender Ausführung gehabt:[193] „ (...) Die Abhängigkeit des Denkens vom menschlichen Triebleben, - das gerade bedarf nach Nietzsche der höchstmöglichen *Steigerung*."[194]

Oder später auf S. 196: „In der Vorstellung, daß ja in dem gesamten Weltbilde, so wie wir es um uns aufgebaut haben, wir selbst als die Schöpfer mit unserer psychischen Eigenart drinstecken, und daß unser Erkennen letzten Endes doch nichts ist als eine ‚Anmenschlichung der Dinge', schwelgt er so lange, bis das Weltganze sich ihm zu einem Traumbilde verflüchtigt, das sich der Einzelne willkürlich ersonnen hat. ‚Warum dürfe die Welt, *die uns etwas angeht* -, nicht eine Fiktion sein?' fragt er sich (Jenseits von Gut und Böse 34),[195] mit dem Hintergedanken: *und also durch einen Gewaltakt umzuschaffen sein?*"[196]

Hier hätten wir eine Verbindung zur Jetztzeit mit ihren Multikrisen, wie in Teil I meines Buchs dargestellt. Und dies ist nur meines Erachtens nach durch eine massive Werteumkehr möglich.[197] Ich werde im weiteren Verlauf meines Buchs noch näher darauf eingehen. Und meine ersten Überlegungen hierzu waren außerdem im 2022 erschienenen Band „RestZEIT" nachzulesen.

Oder Andreas-Salomé auf Seite 199: „Philosophie ist dieser tyrannische Trieb selbst, der geistigste Wille zur Macht, zur ‚Schaffung der Welt', zur causa prima" (Ebendaselbst 9).[198] „Die ‚cäsarischen Züchter und Gewaltmenschen der Cultur' (Ebendaselbst 207) sind es, mit deren Erläuterung und Beschreibung sich Nietzsches ganze Zukunftsphilosophie beschäftigt, ja, in deren Bilde ihr gesamter Inhalt besteht. In seiner Erkenntnistheorie wird ihnen nur der Boden bereitet, in seiner Ethik und Aesthetik wachsen sie aus diesem Boden immer höher hinauf in eine religiöse Mystik, in der Gott, Welt und Mensch zu einem einzigen ungeheuren Ueberwesen verschmelzen."[199]

Für mich klingt das nach einem pantheistischen Weltbild: Alles hängt mit allem zusammen. Und quantenphysikalische Phänomene bestätigen dies. Aber wie die Welt im Innersten funktioniert, haben wir damit trotzdem nicht verstanden. Vielleicht werden wir das nie begreifen...[200] Bemerkenswert ist, dass Lou im obigen Zitat metaphysische Argumente verwendet, die ich im Kapitel 7 dieses Bandes noch einmal aufgreifen werde.

Zur Entwicklung der Menschheit schreibt Lou auf Seite 205: „Aber nicht nur ihnen (vermute, hier sind die sogenannten „letzten Menschen" gemeint, die Decadenten. Die Vorpassagen lassen dies vermuten... Wie zum Beispiel: „ (...) daß sie sich nicht mehr die sieghafte, heilende, umformende Kraft besitzen, welche über Schäden und Lücken des Daseins triumphiert und dasselbe zu höherer Entwicklung weiterführt. (...))[201] gilt diese Frage, denn sie repräsentieren nur die äußerste Spitze dessen, worin die ganze Entwicklung der Menschheit gipfelt. Der stumpfen und dumpfen Einheitlichkeit seines ursprünglichen Thierbewusstseins entrissen, ist der Mensch durch die Weiterbildung seiner Geistesfähigkeiten in Zwiespalt mit dem Naturgrund gerathen, in dem seine Kraft wurzelt. Er ist damit zu einer Halbheit, zu einem Zwitterding geworden, das ersichtlich seine Erklärung und Daseinsberechtigung nicht aus sich selber schöpfen kann, - er ist der verkörperte Uebergang zu Etwas, das noch nicht entdeckt, noch nicht geschaffen ist, und als ein solcher Uebergang ist der Mensch das krankhafteste, - ‚das noch nicht festgestellte Thier' (Jenseits von Gut und Böse 62). So haftet der Decadenz-Charakter dem Menschenthum als solchem an und nicht nur einer einzelnen Form, einem einzelnen Gebiet desselben.‟[202]

Schaut man sich die gegenwärtige Weltlage an, der Konsumismus, den die Welt umgibt, die Zunahme psychischer Probleme, die immer größere Beschleunigung, den Wachstumsfetischismus in Bereichen, wo kein Wachstum mehr sein sollte, dann braucht man Andreas-Salomés Gedanken, die auf den Schriften Friedrich Nietzsches fußen, gar nicht groß weiterentwickeln. Wir brauchen eine neue Denke in vielen Bereichen. Wie oben geschrieben, befindet sich der Mensch bei der „Weiterbildung seiner Geistesfähigkeiten" im „Zwiespalt mit dem Naturgrund", „in dem seine Kraft wurzelt".

Für Nietzsche ist die „Instinkt-Entartung", die hier eigentlich beschrieben wird, das eigentliche Hauptproblem.

Denn entgegen der geläufigen Meinung, dass alles moralische Handeln vernünftiges Handeln sei und das sich Moralität im Denken gründet, ist Nietzsche der Meinung, dass nicht nur das Genie, sondern auch sich die Güte im Instinkt befindet. Daher sind moralische Urteile für Nietzsche im Irrationalen, im Instinkt begründet.[203]

Damit hätten wir den Kern herausgearbeitet.

Die Instinkte des Menschen sind überlagert von moralisierenden und schlichtweg „entarteten" Denkweisen und Handlungen. Bereits in meinem letzten Buch RestZEIT[204] hinterfrage ich, ob unsere Denkmuster einmal im Einklang mit uns selbst und andererseits auch im Einklang mit der Natur liegen. Letzteres werde ich im nächsten Unterkapitel „Ökosophische Spekulationen" angehen.

Für Nietzsche ist der Instinkt, und das ist in seinem Werk „Jenseits von Gut und Böse" in Nr. 218 nachzulesen, nicht einfach irrational, sondern als Grund und Vernunft des bewussten Denkens zu sehen. Damit ist er selbst eine Art von Intelligenz, und zwar unter allen Arten, die bisher entdeckt wurden, „die Intelligenteste ist".[205]

So schreibt Andreas-Salomé auf Seite 210: „Es ist, als ob sich damit Etwas ankündige, Etwas vorbereite, als ob der Mensch kein Ziel, sondern nur ein Weg, ein Zwischenfall, eine Brücke, ein grosses Versprechen sei. (Zur Genealogie der Moral 11 16.) ,Der Mensch ist ein Seil, geknüpft zwischen Thier und Uebermensch, - ein Seil über dem Abgrunde. – - Was groß ist am Menschen, das ist, dass er eine Brücke und kein Zweck ist: was geliebt werden kann am Menschen, das ist, dass er ein Uebergang und ein Untergang ist."[206]

Lou nimmt hier den monumentalen Spruch Nietzsches, das Seil zwischen „Thier" und Übermensch, zum Anlass, darauf hinzuweisen, dass der Mensch kein Zweck sondern eine Brücke ist. Denn wir müssen uns rasch auf den Weg machen, ansonsten werden uns die vielen Krisen auf der Erde erdrücken. Die Menschheit hängt mittlerweile an einem seidenen Faden, wenn man das oben erwähnte Seil als Metapher für den Übergang sehen will.

Auf weiteren Seiten beschreibt Lou sehr schön, wie es weitergehen kann. Was sie schreibt ist von solcher Schönheit und Feinsinnigkeit, dass ich es direkt als Zitat weitergebe: „Der Willensmächtige ist also jederzeit der im höchsten Grade „Unzeitgemässe", er ist Derjenige, in dem *Genie*[207] geworden ist, was sich durch lange Zeit hindurch in der Menschheit vorbereitet hat. Im Genie strömt frei aus, was von der Menschheit in Unfreiheit und Knechtschaft erlernt wurde. Genies sind wie Explosiv-Stoffe in denen eine ungeheure Kraft aufgehäuft ist; ihre Voraussetzung ist immer, historisch und physiologisch, dass lange auf sie hin gesammelt, gehäuft, gespart und bewahrt worden ist, - - - die Zeit, in der sie erscheinen, ist zufällig; dass sie fast immer über dieselbe Herr werden, liegt nur darin, dass sie stärker, dass sie *älter* sind, dass länger auf sie hin gesammelt worden ist; - - - die Zeit ist relativ immer viel jünger, dünner, unmündiger, unsicherer, kindischer.' - - - ‚Der grosse Mensch ist ein *Ende;* - - - Das Genie – in Werk, in That – ist nothwendig ein Verschwender: *dass es sich ausgiebt,* ist seine Grösse ...Der Instinkt der Selbsterhaltung ist gleichsam ausgehängt; der übergewaltige Druck der ausströmenden Kräfte verbietet ihm jede solche Obhut und Vorsicht.'(Götzen-Dämmerung IX 44.). (Absatz) Im Genie tritt also, wenigstens nach einer bestimmten Richtung, in außerordentlichem Grade das zu Tage, was den Menschen befähigen soll, von seiner Art zu einer Ueber-Art fortzuschreiten, eine Selbstvergeudung zu Gunsten einer Neuschöpfung, ein verschwenderischer Reichthum, in dessen Gaben sich die ganze Vergangenheit abgelagert hat, und in dem sie zugleich ganz und gar Fruchtbarkeit geworden ist, - Zukunftsbefruchtung.[208]

Ich kann hier den Text so wirken lassen, wie er von Lou verfasst wurde. Aber zur erwähnten „Zukunftsbefruchtung" gibt es noch eine Textstelle, die ich wieder direkt wiedergebe: „(...) Nun gilt dieser Decadenz-Zustand Nietzsche allerdings nicht nur als überwindbar, sondern geradezu als die nothwendige Voraussetzung für den daraus zu züchtenden willenslangen, affektstarken, selbstsicheren Menschen, aber man beachte wohl: Dieser vollendete Mensch mit seiner vertieften und individualisierten Herren-Natur soll keineswegs seinem naiven Egoismus leben, nicht die Vorurtheile und Sklavenketten abstreifen, um sich Selbstzweck zu sein, sondern er soll zum Erstling einer höheren Menschengattung werden und für ihre Neugeburt sich opfern, denn, wie wir gesehen, stellte ja für Nietzsche der Gipfel der Entwickelung den Untergang der Menschheit dar, indem diese nur der Uebergang zu etwas Höherem, eine Brücke, ein Mittel ist."[209]

Dieses Zitat aus Lou's Biografie oben braucht nicht weiter interpretiert werden. Jeder sollte erkennen, was die Stunde geschlagen hat...

Auch für den bereits erwähnten Philosophen Sorgner steht Nietzsches Übermensch für den weiterentwickelten Menschen, der auf Basis eigener Instinkte sowie mit Unterstützung traditioneller wie neuer Techniken die Selbstgestaltung realisiert, mit deren Hilfe er eigenständig sich auf dynamische Weise anpassen kann und befreiend von äußeren Strukturen die sich auf die Instinkte gelegt hatten, sich selbst über diese hinwegzusetzen.[210]

Sorgner schreibt abschließend: „Wenn wir Glück haben und nicht aussterben sollten, dann bewegen wir uns hin zum Übermenschen, zum Posthumanen."[211]

Natürlich muss man spätestens hier auch die Wertediskussion wieder beginnen, die aber nicht so ganz trivial erscheint. Der mir persönlich bekannte Philosoph und Nietzschekenner Andreas Urs Sommer beschreibt eine Werte-Langzeitbeobachtung über die Geschichte und stellt dabei fest, dass „moralische Werte so formbar sind wie Wachs".[212] Und weiter: „Jedenfalls ist man das anzunehmen gezwungen, wenn Werte nicht ganz für sich in einer Sphäre völliger Abgeschiedenheit als unveränderliche Substanzen existieren. Unterliegen sie Veränderung, so erleiden sie etwas. Aber was genau erleiden sie und von wem?" Doch die Gegenfrage ist viel interessanter: „Was erleiden Menschen, die Werten unterworfen sind? Nicht nur die, die sich etwa dem Wert der Gewinnmaximierung oder des Profits ausliefern, sondern auch jene, die dem Wert des Verzichts oder der Selbstrücknahme huldigen."[213]

Ergänzt man den Wertekanon noch, indem man 50 Prozent der Bevölkerung, wie in Afghanistan geschehen, unter eine blickdichte Burka verbannt, oder in Ergänzung der Wegnahme des Rechts der Frauen, über ihren eigenen Körper zu bestimmen, wie dies in amerikanischen stark religiös geprägten Bundesstaaten bereits umgesetzt wurde oder auch noch wird, stellt man schnell fest, dass die meisten sogenannten Werte leicht umkehrbar wären, sofern ein gesellschaftlicher Druck und die Kultur das zuließe. Aber auch dies wäre nicht in dem Sinne, wie dies Nietzsche beschreibt. Denn die kulturellen Überlagerungen müssen entfernt werden, so dass der Mensch sich mit Hilfe seiner Instinkte selbst weiterentwickeln kann, wie hier im Kapitel vorher beschrieben.

Nach Nietzsche sollte nicht der Metaphysiker, wie zum Beispiel in Afghanistan oder in Teilen der USA und oben beschrieben, der an die Gegensätze der Werte glaubt, Werte schaffen, sondern „neue" Philosophen sollen Werte schaffen, wie Nietzsche dies in seinem Werk „Jenseits von Gut und Böse" anmahnt. Nietzsche lässt dabei aus, wie der Philosoph das anstellen soll. Vielmehr nimmt er den zeitgenössischen Sprachgebrauch beim Wort, verallgemeinert ihn „und schreibt einer ausgewählten intellektuellen Elite das Vermögen zu, moralische Werte – jene Werte, die Leben als Ganzes bestimmen sollen – hervorzubringen", so Sommer in seinen Ausführungen.[214]

In meinem Buch RestZEIT habe ich die provokante These entwickelt, das wir „mehr Intelligenz ins System"[215] bringen müssen. Die Realität ist, während ich dieses Buch schreibe, eine andere.

Kürzlich wurde in den USA ein Präsident wiederholt ins Amt gewählt, der nicht die bestehenden Werte seiner (amerikanischen und republikanischen) Kultur achtet. So haben beispielsweise er und sein glühender Fan Elon Musk zusammen 17 Kinder von sechs Frauen. Noch achtet er zukünftige Werte, wie einen für die nächste Generation brauchbaren Planeten zu hinterlassen[216], was ich noch im nächsten Unterkapitel „Ökosophische Spekulationen" näher beleuchten werde.

Die Theorien Friedrich Nietzsches werden auch von Gruppierungen in Beschlag genommen, die man nicht unbedingt als dessen Verehrer vermuten würde.

So haben ganze Generationen anarchistischer, kommunistischer, sozialdemokratischer und sonst wie linker Intellektueller und Aktivisten Friedrich Nietzsche als einen der ihren betrachtet.[217]

Aber Nietzsche war kein Freund der Demokratie und war antisozialistisch eingestellt.

Dennoch könnte man Nietzsche so interpretieren, was als Kennzeichen der modernen, kapitalistischen Gesellschaft das sein könnte, was man als „Entwerthung der Werte" bezeichnet. Und mit diesem Werteverfall kann man einmal konservativ umgehen und ihn betrauern, aber auch als einmalige Chance betrachten, neue Werte und Wahrheiten jenseits der ökonomischen Nutzenerwartung zu stiften.[218]

Was war Friedrich Nietzsche aber nun, wenn er weder Sozialist und Demokrat war?

Zumindest im politischen Sinne war er dem Individualismus zugeneigt, und seine von ihm aufgebaute Denktradition zeigt freilich auch, dass es komplexere Wege gibt, den Individualismus zu begründen, als ihn den Neoliberalisten zu überlassen. Und Nietzsches Philosophie bringt uns daher dahin, den Individualismus zu bejahen ohne das Individuum als metaphysische Substanz zu denken. Er setzt gewissermaßen einen *aufrechten Gang* voraus. Denn heute sind wir konfrontiert mit einer Ideologie des „Pseudo-Individualismus", wo der Einzelne immer weniger Subjekt sondern Manövriermasse immer mächtigerer objektiver Strukturen ist. Da haben insbesondere die Frankfurter Schule und Adornos sowie Horkheimers Diagnosen in dieser Weise nichts von ihrer Aktualität eingebüßt. So dient der neoliberale Individualismus zur Entsolidarisierung des Einzelnen.[219]

Es ist nicht Schlechtes daran, zu versuchen, die Grenzen unserer leiblichen Leistungsfähigkeit zu erweitern. Doch wir sollten es im Namen von Idealen tun, die die *unseren* sind und uns nicht für die Zwecke von Kapital und Staat gänzlich vereinnahmen und verheizen lassen.[220] Doch gefährdet ist nicht mal so sehr unser individueller Leib, sondern zuallererst der *Leib* der gesamten Menschheit, die Erde oder Gaia[221], auf der wir leben. Hierzu mehr im nächsten Unterkapitel „ökosophische Spekulationen".[222]

Auch Nietzsches leibliche Verfassung hat sicher zu seinen genialen Schriften beigetragen. Denn anders als in seinen offiziellen Schriften tritt Nietzsche in seinen Briefen auf. Aus den Briefen tritt ein beleidigter, tief verletzter, empörter und hilflos wütender Mann hervor, der nicht in der Lage war, die Ketten an Familie und Herkunft zu zerstören. Daher liegt es nahe, dass in den Motiven seines Schaffens ein Geheimnis lag, das ihn mit der nötigen Energie ausstattete. So ließen frühe psychosomatische Erfahrungen die Vermutung zu, dass er – in Verbindung mit der Angst vor einem frühen Tod wegen der Erkrankung seines Vaters – für Zusammenhänge von Leib und Geist hellhörig werden ließen. Sein Körper könnte das Biotop des Geistes gewesen sein. Und damit war das Bewusstsein weder eine frei schwebende Substanz noch ein bloßes Nervenbündel, sondern ein brillanter Reflex auf die dunklen organischen Abläufe, einer geistigen Reduzierung leiblicher Komplexität, der er mit Diäten, Ortswechseln und anderen Maßnahmen beikommen wollte. Sich selbst zu überwinden bedeutete, zu sich selbst zu finden, um zum wahren Kern vorzustoßen: „Werde, der du bist".[223]

So ist das Andersdenken bei Nietzsche Programm und Mode. Und Nietzsche hat damit die Philosophie zum Wagnis erklärt, und seine Philosophen der Zukunft sollen bereit zu jedem Wagnis sein, wie man es in „Jenseits von Gut und Böse" unter 43. und 44. nachlesen kann. Damit verlangt er von den Philosophen einen Willen zur Lebensgestaltung und Lebensveränderung.[224]

Diese Neuausrichtung der „Weitblicker" müssten dann an die Menschheit weitergegeben werden. Neue (alte) Werte,

Basisgüter des guten Lebens, wie Sie bei Philosophen, Vater und Sohn, Skidelsky und Skidelsky in 2013 festgehalten wurden:

- Gesundheit
- Sicherheit
- Respekt
- Persönlichkeit
- Harmonie mit der Natur
- Freundschaft
- Muße

Dabei ist beispielsweise ein fortgesetztes Streben nach (Wirtschafts-) Wachstum für die Verwirklichung der Basisgüter nicht nötig, es kann sie sogar zerstören. Vielmehr sollte hier die Einzahlung auf das eigene Wachstumskonto eine Rolle spielen: Bildung, sozialen Kontakten und einem reichhaltigen Betätigungsfeld gehört die Zukunft.[225]

Auch für Nietzsche war schon die allgemeine Betriebsamkeit und Hektik in seiner Zeit aufgefallen, was in „Menschliches, Allzumenschliches" scharfsinnig wie immer dargestellt ist:

„D i e m o d e r n e U n r u h e. – Nach dem Westen zu wird die moderne Bewegtheit immer grösser, so dass den Amerikanern die Bewohner Europa's insgesammt sich als ruheliebende und geniessende Wesen darstellen, während diese doch selbst wie Bienen und Wespen durcheinander fliegen. Diese Bewegtheit wird so gross, dass die höhere Cultur ihre Früchte nicht mehr zeitigen kann; es ist, als ob die Jahreszeiten zu rasch auf einander folgten. Aus Mangel an Ruhe läuft unsere Civilisation in eine neue Barbarei aus. Zu keiner Zeit haben die Thätigen, das heisst die Ruhelosen, mehr gegolten. Es gehört desshalb zu den nothwendigen Correcturen, welche man am Charakter der Menschheit vornehmen muss, das beschauliche Element in grossem Maasse zu verstärken. Doch hat schon jeder Einzelne, welcher in Herz ruhig und stetig ist, das Recht zu glauben, dass er nicht nur ein gutes Temperament, sondern eine allgemein nützliche Tugend besitze und durch die Bewahrung dieser Tugend sogar eine höhere Aufgabe erfülle."[226]

Weiter hinten unter 452. nimmt Nietzsche auch Stellung zum Besitzdenken:

„B e s i t z u n d G e r e c h t i g k e i t. – Wenn die Socialisten nachweisen, dass die Eigenthums-Vertheilung in der gegenwärtigen Menschheit die Consequenz zahlloser Ungerechtigkeiten und Gewaltsamkeiten ist, und in summa die Verpflichtung gegen etwas so unrecht Begründetes ablehnen: so sehen sie nur etwas Einzelnes. Die ganze Vergangenheit der alten Cultur ist auf Gewalt, Sclaverei, Betrug, Irrthum aufgebaut; wir können aber uns selbst, die Erben aller dieser Zustände, ja die Concrescenzen aller jener Vergangenheit, nicht wegdecretieren und dürfen nicht ein einzelnes Stück herausziehen wollen. Die ungerechte Gesinnung steckt in den Seelen der Nicht-Besitzenden auch, sie sind nicht besser als die Besitzenden und haben kein moralisches Vorrecht, denn irgend wann sind ihre Vorfahren Besitzende gewesen. Nicht gewaltsame neue Vertheilungen, sondern allmähliche Umschaffungen des Sinnes thun noth, die Gerechtigkeit muss in Allen grösser werden, der gewaltthätige Instinct schwächer."[227]

Eigentlich ist die wirkliche Verschwendung, mit der wir heute konfrontiert sind, ist nicht die Verschwendung von Geld, sondern die Verschwendung von Möglichkeiten von Menschen.[228]

Bei der obigen „Möglichkeitenverschwendung" ist aber nicht der Konsum von massenhafter Zerstreuungs- und Unterhaltungskultur gemeint, die auch der peruanisch-spanische Schriftsteller und Nobelpreisträger Mario Vargas Llosa als eine generelle Verlustgeschichte beschreibt, weil die Kultur ihre grundlegende Bedeutung als wertevorgebende Gestaltungs- und Ordnungsinstanz verloren oder aufgegeben habe.[229]

Jeder Einzelne hat es in der Hand, etwa bei sich selbst und im eigenen Umfeld Änderungen herbeizuführen. Große Herausforderungen sind in Zukunft zu bewältigen. Globales Denken ist notwendig aber lokales Handeln von jedem Einzelnen unabdingbar. So schreibt man Albert Einstein jenen Satz zu: „Man kann ein Problem nicht mit der gleichen Denkweise lösen, mit der es erschaffen wurde."[230]

In der „Streitschrift" Zur Genealogie der Moral erklärt Nietzsche die Moral zu einem unverzichtbaren Element, das Tiersein, die „Bestie" im Menschen, zu überwinden. Nietzsche unterscheidet dabei zwei Stufen, die aber auch ineinander übergehen: In der ersten Stufe, über die leider die meisten Menschen nicht herauskommen, steckt man in einer „sozialen Zwangsjacke", die den Menschen „wirklich berechenbar" macht. Auf der zweiten Stufe hat man die Zwangsjacke abgestreift und den höchsten, das Menschsein vollends bewirkenden Rang erreicht. Dieser Mensch wird von Nietzsche das „autonome, übersittliche Individuum" genannt, jenes „souveräne Individuum", das sich der „seltenen Freiheit" bewusst sei, „Macht über sich und das Geschick" zu haben. Diese provokative Moralkritik Nietzsches wird in anderen Kulturen kaum erreicht. Und als tugendhaft gilt dann derjenige, der sein Leben so weit wie möglich selbst in die Hand nimmt und diese Selbstverantwortung und Selbstzuständigkeit zu einem festen Charakterzug ausbildet. Dabei könnten dann die vier Kardinaltugenden Tapferkeit, Gerechtigkeit, Klugheit und Besonnenheit eine wichtige Rolle spielen.[231]

Setzt man diese Tugenden dann noch mit der Goldenen Regel in Verbindung, dass wir so handeln sollen, wie wir wollen, dass an uns gehandelt wird, könnte die Beschränkung unserer Freiheit dazu führen, dass wir die Freiheit aller anerkennen müssen. Hier kann Kant mit dessen Kategorischem Imperativ[232] als Weiterentwicklung der Goldenen Regel - ganz im Vernunftsinne Kants[233] - hilfreich sein. Im landläufigen Sinne: „Was Du nicht willst, was man Dir tu, das füge keinem andren zu" wird zusammen mit den Kardinaltugenden ein nahezu vollständiges Wertekonzept erreicht.

Faszinierend bleibt bei Nietzsche, dass er seine Philosophie waghalsig gedacht und versuchsweise auch so gelebt hat. Heute ist die philosophische Wissenschaft – zumindest die akademisch universitäre, aber auch das, was man populäre Philosophie nennt – weithin – zumindest seit 1945, wie Prof. Sommer hier behauptet – Philosophieverwaltungswissenschaft. Sie verwaltet die intellektuellen Wagnisse längst vergangener Jahre.[234]

Die großen Weltkriege in der ersten Hälfte des 20. Jahrhunderts und damit verbundene Verwerfungen haben vermutlich zu einer höheren Aktivität in der Philosophie geführt. Auch jetzt, wo wir vor einer Multikrisensituation stehen, ist der Bedarf an Ratschlägen zur Lebensführung hoch. Aber auch die Nachfrage nach Psychologen wird weiter kräftig ansteigen, um den Menschen über Verluste, materieller, kultureller und freiheitlicher Art, hinwegzuhelfen. Und vielleicht macht obendrein auch hier die Philosophie resilienter.

So sind zum Beispiel Philosophiestudierende nicht nur intellektuell, sondern auch existenziell wagemutig, denn die Studienwahl zielt in der Regel nicht auf einen akademischen Brotberuf ab, sondern auf Erkenntnisgewinn oder sogar Sinnerfüllung. So waren in der Jugendblüte der akademischen Philosophie einige junge Doktoren und Privatdozenten wahre Ungeheuer des intellektuellen Wagemuts: Zum Beispiel Arthur Schopenhauer, Ludwig Feuerbach, Bruno Bauer oder auch Karl Marx. Schopenhauer lebte vom Erbe seines Vaters, und Karl Marx wurde vom Industriellen Friedrich Engels über Wasser gehalten. Und besonders Karl Marx musste früh einsehen, dass seine Gesinnung eine universitäre Karriere unmöglich machen würde. Und auch die Zwitterrolle der Philosophie innerhalb der Universität macht diese schwierig einzuordnen, da sie einerseits eine wissenschaftliche Disziplin wie jede andere erscheint, sich aber auch aller Disziplin verweigert.[235]

So habe auch ich eigentlich Volkswirtschaft studiert, aber mich schon seit vielen Jahren mit philosophischen Themen und insbesondere mit Friedrich Nietzsche befasst. Und auch ich merke eine gewisse Reserviertheit gegenüber meiner Person, wenn ich in den Diskurs mit der akademischen Kaste der studierten Philosophen gehe. Aber manchmal denke ich, dass gerade meine andere Brille neue Thesen hervorbringt. „Trost" finde ich dann auch bei Friedrich Nietzsche selbst, der als studierter Philologe nie einen Lehrstuhl für Philosophie innehatte. Und darüber hinaus wurde er ohne einen Doktortitel über seinen Mentor Ritschl auf den Lehrstuhl in Basel gehievt. Und auch der spätere Ausstieg aus der universitären Welt erhöhte Nietzsches Produktivität enorm.

Die Utopie vom einst kommenden Menschen, da alles Bisherige nur Vorstufe gewesen ist, wird von Nietzsche zwar mit dem Übermenschen angedeutet, was aber konkret getan werden kann, darüber findet sich auch bei dem Philosophen Hans Jonas kein Wort.[236] Beim Versuch einer Ethik für die technologische Zivilisation hätte Jonas, der auch Nietzsche-Biograf war, gerne mehr gewusst.

Abschließend noch ein Zitat Nietzsches aus „Zur Genealogie der Moral" (1887), dass schon auf das nächste Unterkapitel „Ökosophische Spekulationen" hinleitet:

„(...) Wie? wenn das Umgekehrte die Wahrheit wäre? Wie? Wenn im ‚Guten' auch ein Rückgangssymptom läge, insgleichen eine Gefahr, eine Verführung, ein Gift, ein Narcoticum, durch das etwa die Gegenwart a u f K o s t e n d e r Z u k u n f t lebte? Vielleicht behaglicher, ungefährlicher, aber auch in kleinerem Stile, niederiger? ... So dass gerade die Moral daran Schuld wäre, wenn eine an sich mögliche h ö c h s t e M ä c h t i g k e i t u n d P r a c h t des Typus Mensch niemals erreicht würde? So dass gerade die Moral die Gefahr der Gefahren wäre?..."[237]

Ökosophische Spekulationen

Seit einigen Jahren nehme ich – unregelmäßig – an Demonstrationen für den Klimaschutz teil, einmal, um meine Solidarität mit der jungen Fridays-for-Future-Generation zu zeigen und um andererseits Flyer meiner mit Mitstreitern im Jahre 2010 gegründeten Energiegenossenschaft zu verteilen. Bei einer Veranstaltung in Frankfurt/Main habe ich einmal einen älteren Mann mit einem Plakat gesehen. Auf dem Plakat stand nur ein Wort:

WENIGER

Eigentlich hat er damit alles zur Sprache gebracht.

Nachhaltiges Leben wird heute immer noch durch die Begriffe Effizienz, Konsistenz und Suffizienz geprägt. Dabei führen zumindest die Ausprägungen Effizienz und Konsistenz oft zu sogenannten Rebound- oder Bumerangeffekten. Was heißt, Produkte oder Rohstoffe werden, gerade weil diese umweltfreundlicher hergestellt wurden, „unbekümmerter" genutzt. Und statt dass das globale Ökosystem entlastet wird, führt dies eventuell zu einer Mehrbelastung.[238]

Suffizienz kommt vom lateinischen *sufficere*, was mit „hinreichen" oder „genug sein" übersetzt wird. Daher kommt es dem Begriff „weniger" auf dem Plakat vorher beschrieben, sehr nahe. Es konterkariert so auch den aus der Wirtschaftswissenschaft bekannten homo oeconomicus, den man mit Bezug auf unsere derzeitige soziale und ökologische Lage mehr als problematisch ansehen kann.[239]

Das Modell des homo oeconomicus musste ich noch in den neunziger Jahren während meines Volkswirtschaftsstudiums kennenlernen. Ich halte dieses Konstrukt mittlerweile für obsolet. Denn der Mensch ist keine sich ständig optimierende Rechenmaschine, die immer nur auf ihren eigenen Vorteil aus ist. Vielmehr wird menschliches Bewusstsein auch durch altruistische Motive geleitet und ist manchmal schlicht irrational, wie man das ja schon von Börsencrashs und der Finanzmarktkrise im Jahre 2008 und 2009, die von keinem der weltweit circa einer Million agierenden Wirtschaftswissenschaftlern vorausgesehen wurde, kennt.[240]

Zur bereits erwähnten Suffizienz kommen Subsistenz, regionale Ökonomie und industrielle Arbeitsteilung hinzu. Diese vier Kriterien hat der deutsche Volkswirtschaftsprofessor Niko Paech in einer Vortragsrunde vorgestellt. In seiner Postwachstumsökonomie funktionieren diese Kriterien sehr gut mit einer Reduktion der Arbeitsleistung auf beispielsweise 50 Prozent. Damit schafft man sich mehr Zeit, in der Subsistenz auch nichtmonetäre Aktivitäten durchführen zu können. Reparieren wird das Wegwerfen immer mehr ersetzen (müssen). Regionale Ökonomien wie Genossenschaften und die sogenannte Allmende werden eine größere Rolle spielen. Und schließlich eine idustrielle Arbeitsteilung, um Produkte, die nicht repariert werden können, immer wieder nacherstellen zu können. Denn für Paech ist die einzige wirksame CO_2-Steuer eine merkliche Verringerung der Arbeitszeit und damit auch deutlich geringere Einkommen. Und nach Paech müssen wir in Zukunft mit weniger Wohlstand auskommen.[241]

Leider lässt sich Niko Paech auch immer mal wieder zu dem nötigen Umbau der Energiesysteme ein. Für ihn macht der Umbau auf Erneuerbare Energien und insbesondere Windräder wenig Sinn, da auch hier die Umweltbelastung gegeben ist. Damit gehe ich persönlich nicht gerne konform, habe ich doch mit Mitstreitern im Jahre 2010 eine Energiegenossenschaft gegründet, die sich neben der Installation und dem Betrieb von Photovoltaikanlagen auch mit dem Erstellen von Windrädern befasst. Denn ich halte Paechs Ansätze zwar nachvollziehbar, aber in einer Industriegesellschaft unserer Kategorie nicht umsetzbar. Hier wäre ein pragmatischerer Ansatz notwendig, der auch die Industrieunternehmen einbezöge. Allein der Verbraucher kann es nicht richten. Alle Menschen – und Industriekapitäne sind auch Bürger – müssen an einem Strang ziehen. Doch hierzu später in Kapitel 6 mehr unter „Leitfaden".

Letztlich müssen Ökosophien von jeder Person selbst entwickelt werden, aus sich heraus und für sich selbst, womit das ideologische und religiös Einengende wegfällt. Somit wird das ganzheitliche Denken wieder elementar für unsere Lebensführung, da das mechanistische Weltbild nach dem organischen (aristotelischen) Weltbild ein Ungleichgewicht ins Leben gebracht hat und zu Orientierungsproblemen führte. Und für die Industrienationen bedeutet dies dann, das gewohnt „üppige" Leben einzuschränken, wie beispielsweise Kreuzfahrten, Flugreisen, SUV's und andere Übertreibungen. Für bisher weniger entwickelte Länder bedeutet es, Fehler der Vergangenheit, also die der Industrialisierung, erst gar nicht zu beginnen, was echter Verzicht ist.[242]

Die Ökosophie kann dabei als ein ethisches Orientierungsprinzip gelten, als gewissermaßen moralisch-ökosophe Lebensweise. Damit darf eine Sozialethik statt eines Anthropozentrismus erwartet werden, für ein Leben in einer sozial-ökologischen Denkgemeinschaft.[243]

Allerdings gehört die ökosophe Lebenskunst mit politischem Handeln zusammengedacht. Zum Beispiel würde durch ein Tempolimit von 130 Kilometern pro Stunde auf deutschen Autobahnen 1,9 Millionen Tonnen CO_2 pro Jahr eingespart werden. Bei 120 Kilometern pro Stunde wären es dann 2,6 Millionen CO_2-Ersparnis, eine Reduzierung von 6,6 Prozent im Bereich Verkehr. Und zwar sofort und ohne Mehrkosten.[244]

Oder man würde die Mehrwertsteuer von Fleischprodukten auf 19 Prozent erhöhen, da die Fleischproduktion insbesondere von Rindfleisch sehr klimaschädlich ist.

Hier sind bei den handelnden Personen nach dem Zukunftsforscher Matthias Horx sogenannte „Schlüsselqualifikationen" nötig, worunter er Selbst- und Wissenskompetenz, Teamfähigkeit, kritisches Denken und emotionale Intelligenz versteht. Und diese Kriterien werden erreicht durch gute philosophische Bildungsarbeit. Dabei hilft die philosophische Anthropologie als reflexive Disziplin, sich seiner Lebensform bewusst zu werden.[245]

Denn immer mehr Menschen stellen sich die sokratische Frage: „Wie soll ich leben?" Und dabei führt die „kognitive Dissonanz", zu wissen, dass es besser wäre, so oder so zu leben, aber fadenscheinige Gründe zu finden, die rechtfertigen, die alten Gewohnheiten nicht aufgeben zu müssen. Trotzdem müssen wir Menschen unser Leben ändern.[246]

Eine Art „Leitfaden" für den Umgang mit Veränderungen werde ich dann in Kapitel 6 „Die Folgen" zusammenstellen.

Und was politisches Handeln angeht hat uns die Coronakrise gezeigt, was in kurzer Zeit möglich ist, an Verboten und Handlungsanweisungen durchzusetzen, die von einem großen Konsens quer durch alle Parteien und von dem überwiegenden Teil der Bevölkerung getragen wurde. Und es stellt sich daher die Frage, warum im Fall einer Pandemie eingesehen wird, dass Verbote akzeptiert werden müssen.[247]

Aber nun wieder zurück zu Nietzsche!

Nach meiner ersten Teilnahme am internationalen Kongress in Naumburg im Jahr 2022 hatte ich gerade ein halbes Jahr zuvor mein erstes populärwissenschaftliches Buch „RestZEIT" herausgegeben. Aus dieser Tagung ist dann ein Sammelband entstanden, der anlässlich der übernächsten Tagung im Herbst des Jahres 2024 herausgebracht wurde. Und ich bin froh, dass ich wichtige Teile daraus hier noch in meinem neuen Buch berücksichtigen kann.

In dem Kongress in 2022, der mit „Nietzsches Naturen" betitelt war, ging es neben Nietzsches Auseinandersetzung mit den naturwissenschaftlichen Debatten seiner Zeit, um den naturmetaphorischen Reichtum seines Denkens sowie auch für sein Werk typische Überschneidung von Empirie und Erfindung. Dadurch wird einmal seine Verwobenheit mit und Bestimmtheit durch natürliche Komponenten und Orte sichtbar, aber auch der kultur- und ideengeschichtliche Anteil seines Zugangs zur Natur erkennbar. Damit macht auch der Kern seines Denkens die Ununterscheidbarkeit von Natur und Kultur aus. Und Nietzsches aktuelle Relevanz liegt in seiner Kritik an industrieller Naturausbeutung, die er in seiner Streitschrift „Zur Genealogie der Moral" in der dritten Abhandlung unter 9 anprangert:

„Hybris ist heute unsere ganze Stellung zur Natur."[248]

Nietzsche hat mit dem Tod Gottes eine Befreiungsphilosophie geschaffen, die auf dem Element des Experimentellen liegt, da es um die Zukunft als einem Horizont unendlicher Potentialität geht. Damit werden eigenen Limitierungen immer wieder zu überwinden sein, was als eine Steigerung an Lebensmöglichkeiten erlebbar wird. Allerdings beinhaltet dies auch eine neue Haltlosigkeit, die in Nietzsches Aphorismus 124 in „Die fröhliche Wissenschaft" zur Geltung kommt:[249]

„Im Horizont des Unendlichen. — Wir haben das Land verlassen und sind zu Schiff gegangen! Wir haben die Brücke hinter uns, — mehr noch, wir haben das Land hinter uns abgebrochen! Nun, Schifflein! sieh' dich vor! Neben dir liegt der Ocean, es ist wahr, er brüllt nicht immer, und mitunter liegt er da, wie Seide und Gold und Träumerei der Güte. Aber es kommen Stunden, wo du erkennen wirst, dass er unendlich ist und dass es nichts Furchtbareres giebt, als Unendlichkeit. Oh des armen Vogels, der sich frei gefühlt hat und nun an die Wände dieses Käfigs stösst! Wehe, wenn das Land-Heimweh dich befällt, als ob dort mehr Freiheit gewesen wäre, — und es giebt kein ‚Land‘ mehr!"[250]

So ist der Zwang zu unendlichem Wachstum einerseits mit dem Versprechen einer offenen Zukunft und damit immer mehr technischen Weiterentwicklungen verbunden, aber es droht auch außer Kontrolle zu geraten. Anders ausgedrückt gewinnt die von Nietzsche hervorgebrachte Ambivalenz des Unendlichen angesichts ansteigender Umweltzerstörung sowie Klimaerhitzung eine neue Dringlichkeit. Die „lange Fülle und Folge von Abbruch, Zerstörung, Untergang, Umsturz", wie es im Aphorismus 343 der Fröhlichen Wissenschaft heißt und uns laut Nietzsche zukünftig droht, wirkt bereits heute erschreckend aktuell. Menschen, die ihr Leben im Kapitalismus führen, wirken aus dieser Sicht tatsächlich wie Vögel, die sich frei gefühlt haben und jetzt aber an die Wände ihres Käfigs stoßen.[251]

Mit den vorherigen Argumenten wird man an Nietzsches „letzten Menschen" erinnert, der hier für eine Lebensform steht, die sich keine Überwindung der Gewohnheiten mehr zutraut und fatalistisch einem „There is No Alternative" folgt. Dem letzten Menschen machen Veränderungen Angst oder erscheinen einfach unmöglich. In Ecce Homo[252] fügt dann Nietzsche dem letzten Menschen noch eine weitere Eigenschaft hinzu: Er kennzeichnet sie dort als die „s c h ä d l i c h s t e A r t M e n s c h," da sie „auf Kosten der Z u k u n f t Ihre Existenz durchsetzen."[253]

Die letzten Menschen erinnern an die Protestbewegung „extinction rebellion" oder „Letzte Generation", die gewissermaßen gegen diesen letzten Menschen protestiert. Denn die letzten Menschen wirken als quasi-apokalyptische Vision und damit als Warnung vor der dramatischen ökologischen Situation, in der wir uns derzeit befinden. So arbeiten die letzten Menschen permanent an der Verdrängung einer drohenden Apokalypse und verteidigen eine sogenannte Normalität, ohne die katastrophalen Folgen einer solchen Lebensweise einzusehen.[254]

So erfordert gerade ein an Nietzsche orientiertes Denken der offenen Zukunft und einer experimentellen Selbst-Überschreitung im Anthropozän auch eine neue Form der ökologischen Selbst-Begrenzung. Und in Nietzsches Schriften sind tatsächlich bei genauer Betrachtung interessante Ansatzpunkte für die Idee der Selbstbegrenzung bei gleichzeitiger Entfaltung multipler Lebenschancen zu finden. So denkt Nietzsche im ersten Teil des Zarathustra darüber nach, die „Erde" als direkten Bezug zum Leben zu wählen:[255] [256]

„Bleibt mir der Erde treu, meine Brüder, mit der Macht eurer Tugend! Eure schenkende Liebe und eure Erkenntniss diene dem Sinn der Erde! Also bitte und beschwöre ich euch.

Lasst sie nicht davon fliegen vom Irdischen und mit den Flügeln gegen ewige Wände schlagen!"

An dieser Stelle bedeutet der Erde treu zu bleiben, sich nicht nur am Unendlichen zu richten, und so nicht vom Irdischen davon zu fliegen, sondern dennoch schöpferisch zu bleiben und Erkenntnis und Liebe zu geben. Nietzsches befreiende Philosophie wird so in den Zusammenhang zu einer materiellen Selbstbegrenzung gestellt, ohne dass er hinter seine Kritik der tradierten Lebensbeschränkungen zurückfallen würde.[257]

Den obigen Gedanken könnte man mit Nietzsches Bild des Wachstums der Bäume verbinden, das in der Fröhlichen Wissenschaft entwickelt wird:[258] [259]

„Wir wachsen wie Bäume – das ist schwer zu verstehn, wie alles Leben! – nicht an Einer Stelle, sondern überall, nicht in Einer Richtung, sondern ebenso hinauf, hinaus wie hinein und hinunter, - unsre Kraft treibt zugleich den Stamm, Aesten und Wurzeln, es steht uns gar nicht mehr frei, irgend Etwas einzeln zu thun, irgend etwas Einzelnes noch zu sein...“

Hier weitet Nietzsche unsere gewohnte Sicht und zeigt die Möglichkeit auf, dass das Wachstumsversprechen auf etwas anderes zeigen könnte, als auf ein eindimensionales ökonomisches Wirtschaftswachstum. Weiterhin kann man von Nietzsche lernen, dass es neben dem Spannungsfeld Wachstumsverzicht zu Wachstumsbeschleunigung noch eine andere Sicht geben könnte: Eine Entfaltung in viele Richtungen, ohne die Verbindung zur Erde zu verlieren und so ohne unendlichen Verbrauch von Ressourcen. Denn im Sinne Nietzsches heißt eine Entwicklung in die Vielheit eine Form wie von Verzweigungen der Bäume. Daraus könnte man weiter schließen, dass es auf ein „mehrdimensionales, qualitatives Wachstum“ ankommt als ein rein quantitatives. So wie auf einem endlichen Planeten kein endloses Wachstum aber sehr wohl eine endlose Evolution möglich erscheint.[260]

Im Aphorismus 230 in Nietzsches „Zukunftsschrift“ Jenseits von Gut und Böse möchte er den Menschen wieder „zurückübersetzen in die Natur“:[261]

„Aber wir Einsiedler und Murmelthiere, wir haben uns längst in aller Heimlichkeit eines Einsiedler-Gewissens überredet, dass auch dieser würdige Wort-Prunk zu dem alten Lügen-Putz, - Plunder und -Goldstaub der unbewussten menschlichen

Eitelkeit gehört, und dass auch unter solcher schmeichlerischen Farbe und Übermalung der schreckliche Grundtext homo natura wieder heraus erkannt werden muss. Den Menschen nämlich zurückübersetzen in die Natur; über die vielen eitlen und schwärmerischen Deutungen und Nebensinne Herr werden, welche bisher über jenen ewigen Grundtext homo natura gekritzelt und gemalt wurden; machen, dass der Mensch fürderhin vor dem Menschen steht, wie er heute schon, hart geworden in der Zucht der Wissenschaft, vor der anderen Natur steht, mit unerschrocknen Oedipus-Augen und verklebten Odysseus-Ohren, taub gegen die Lockweisen alter metaphysischer Vogelfänger, welche ihm allzulange zugeflötet haben: ‚du bist mehr! du bist höher! du bist anderer Herkunft!' — das mag eine seltsame und tolle Aufgabe sein, aber es ist eine Aufgabe — wer wollte das leugnen!"

Viele Interpreten haben sich schon in Analysen dieses Aphorismus versucht.

Zunächst einmal lässt sich die lateinische Formel „homo natura" übersetzen mit „Mensch-Natur", „menschliche Natur" oder „Wesen des Menschen". So hat Pythagoras die menschliche Natur als Geist und Körper gesehen, was sich ja auch mit den neuesten Forschungen deckt, die von einem Körperdenken[262] ausgehen. Und hier in Aphorismus 230 geht es gerade um die Naturalisierung des Menschen als nahtlose Eingruppierung unter den übrigen natürlichen Lebewesen.[263]

Und diese „Rückübersetzung in die Natur" lässt verschiedene Lesarten zu.[264]

Nietzsche, der in Verbindung zum „Wille zur Macht", von einem starken, aktiven und wirklichkeitsbejahenden - „höheren" - Menschentypus ausgeht und ihn durch den letzten Menschen entwertet sieht, möchte den Menschen in einer Naturordnung sehen, die sich den Vorstellungen von Luther und Leibniz und deren „sittlichen Weltordnung" entgegenstellt. Nietzsche hält daher diese Weltordnung für sogar „lebensgefährlich", wie im Antichrist in 11. dargestellt:[265] [266]

„Ein Wort noch gegen Kant als Moralist. Eine Tugend muss unsre Erfindung sein, unsre persönlichste Nothwehr und Nothdurft: in jedem andren Sinne ist sie bloss eine Gefahr. Was nicht unser Leben bedingt, schadet ihm: eine Tugend bloss aus einem Respekts-Gefühle vor dem Begriff ‚Tugend', wie Kant es wollte, ist schädlich. Die ‚Tugend', die ‚Pflicht', das ‚Gute an sich', das Gute mit dem Charakter der Unpersönlichkeit und All-gemeingültigkeit — Hirngespinnste, in denen sich der Nieder-gang, die letzte Entkräftung des Lebens, das Königsberger Chi-nesenthum ausdrückt. Das Umgekehrte wird von den tiefsten Erhaltungs- und Wachsthums-Gesetzen geboten: dass Jeder sich seine Tugend, seinen kategorischen Imperativ erfinde. Ein Volk geht zu Grunde, wenn es seine Pflicht mit dem Pflichtbe-griff überhaupt verwechselt. Nichts ruinirt tiefer, innerlicher als jede „unpersönliche" Pflicht, jede Opferung vor dem Moloch der Abstraktion. — Dass man den kategorischen Imperativ Kant's nicht als lebensgefährlich empfunden hat!... Der Theologen-Instinkt allein nahm ihn in Schutz! — Eine Handlung, zu der der Instinkt des Lebens zwingt, hat in der Lust ihren Beweis, eine rechte Handlung zu sein: und jener Nihilist mit christlich-dogmatischen Eingeweiden verstand die Lust als Einwand... Was zerstört schneller als ohne innere Nothwendigkeit, ohne eine tief persönliche Wahl, ohne Lust arbeiten, denken, fühlen? als Automat der „Pflicht"? Es ist geradezu das Recept zur déca-dence, selbst zum Idiotismus... Kant wurde Idiot. — Und das war der Zeitgenosse Goethes! Dies Verhängniss von Spinne galt als der deutsche Philosoph, — gilt es noch!... Ich hüte mich zu sagen, was ich von den Deutschen denke... Hat Kant nicht in der französischen Revolution den Übergang aus der unorganischen Form des Staats in die organische gesehn? Hat er sich nicht gefragt, ob es eine Begebenheit giebt, die gar nicht anders erklärt werden könne als durch eine moralische Anlage der Menschheit, so dass mit ihr, Ein-für-alle Mal, die ,Tendenz der Menschheit zum Guten' bewiesen sei? Antwort Kant's: ,das ist die Revolution.' Der fehlgreifende Instinkt in Allem und Jedem, die Widernatur als Instinkt, die deutsche décadence als Philosophie — das ist Kant! —"

In Verbindung mit 25. und 26. aus dem Antichristen entsteht eine Verfallsgeschichte des verstandenen und gelebten Willens zur Macht, die auch aus anderen Schriften Nietzsches herauslesbar ist. Dort führt Nietzsche einen dritten Typus Mensch ein, den „psychologischen Typus des Galiläers". Während vom Prinzip des Willens zur Macht her der starke Mensch als der erscheint, der sich dem Gegensatz aller Lebenskräfte aussetzt und zur „produktiven Steigerung" nutzt, ist im Charakter Jesus „der Gegensatz zu allem Ringen, zu allem sich-in-Kampf-fühlen (...) Instinkt geworden"[267]. Damit ist er unfähig zum Widerstand, was ein direktes Erkennungsmerkmal darstellt.[268]

Man erkennt darin die – bereits in Kapitel 3 erwähnten - drei Verwandlungen Nietzsches vom Kamel zum Löwen zum Kind. Denn wenn es eine Tugend gibt, die die Praxis von Jesus durchscheinen lässt, dann ist es die Unschuld des Kindes, somit „eine ins Geistige zurückgetretene Kindlichkeit"[269].[270]

Nietzsche sieht die Jesusfigur ausdrücklich dem paulinischem Christentum entgegengesetzt. Denn sie repräsentiert für Nietzsche die Verneinung des Lebens; und so ist im 35. Aphorismus des Antichristen zu lesen:[271] [272]

125

„Dieser ‚frohe Botschafter' starb wie er lebte, wie er lehrte — nicht um ‚die Menschen zu erlösen', sondern um zu zeigen, wie man zu leben hat. Die Praktik ist es, welche er der Menschheit hinterliess: sein Verhalten vor den Richtern, vor den Häschern, vor den Anklägern und aller Art Verleumdung und Hohn, — sein Verhalten am Kreuz. Er widersteht nicht, er vertheidigt nicht sein Recht, er thut keinen Schritt, der das Äusserste von ihm abwehrt, mehr noch, er fordert es heraus... Und er bittet, er leidet, er liebt mit denen, in denen, die ihm Böses thun... Die Worte zum Schächer am Kreuz enthalten das ganze Evangelium. „Das ist wahrlich ein göttlicher Mensch gewesen, ein ‚Kind Gottes' sagt der Schächer. ‚Wenn du dies fühlst — antwortet der Erlöser — so bist du im Paradiese, so bist auch du ein Kind Gottes...' Nicht sich wehren, nicht zürnen, nicht verantwortlich-machen... Sondern auch nicht dem Bösen widerstehen, — ihn lieben...

Und in 39. des Antichristen schreibt Nietzsche:[273] [274]

„Heute noch ist ein solches Leben möglich, für gewisse Menschen sogar nothwendig: das echte, das ursprüngliche Christenthum wird zu allen Zeiten möglich sein... Nicht ein Glauben, sondern ein Thun, ein Vieles-nicht-thun vor Allem, ein andres Sein..."

Hier könnte die Rückübersetzung des Menschen in die Natur erkennbar sein. Und wenn der Mensch die Fähigkeit besäße, der Selbstzerstörung Grenzen zu setzen, hätte der Mensch in der Vernunft mehr als ein probates Werkzeug seines Willens zur Macht.[275]

Einer der Ersten, der die ökologische Wirkungsstärke Nietzsches erkannt hat, ist Adrian Del Caro, der Theodore Roszak (The Voice of the Earth, 1993) in seinem Buch „Grounding the

Nietzsche Rhetoric of Earth" von 2004, zitiert und den ich wie folgt wiedergebe:

„What is not generally appreciated is that Nietzsche is a major figure in this minor current of thinking, and that his philosophy of nature qualifies him as one of the most powerful ecological thinkers of the modern period."[276]

Daher stellt sich abschließend die Frage:

Kann Erneuerung sein? In dem gleichen Maße, in dem die Möglichkeit ihrer Realisierung schwindet, wächst ihre Notwendigkeit. Und in einem Gedicht von Paul Celan heißt es: „Es ist Zeit, das es Zeit wird."[277]

Hierzu mehr in den nächsten Kapiteln.

Teil III

Kapitel 5

Synthese Teil I und Teil II

Ich impfe euch mit dem Wahnsinn (F. N., nachgelassene Fragmente 1882/1883)

Schaffen wollt ihr noch die Welt, vor der ihr knien könnt: so ist es eure letzte Hoffnung und Trunkenheit. (F. N., Also sprach Zarathustra, zweiter Teil, Von der Selbst-Überwindung)

Friedrich Nietzsche möchte uns als Gesellschaft mit dem Wahnsinn impfen. Aber eigentlich meint er den immanenten Wahnsinn, der unsere Gesellschaft umgibt, wie ich im ersten Teil meines Buches bereits ausgeführt hatte. Insbesondere ist das kranke „Thier" Mensch verantwortlich, die Risiken im kranken System Erde – im ersten Kapitel beschrieben – zu minimieren.

Nimmt man die verschiedenen in Kapitel 1 bis 4 beschriebenen Stränge und versucht daraus hier in Kapitel 5 eine Synthese zu ziehen, fällt es zunächst nicht leicht, einen roten Faden zu erkennen. Es geht neben den Fragen unseres Wirtschafts- und

Gesellschaftssystems in Verbindung mit dem Einzelwesen Mensch insgesamt darum, zu erkennen, woran unsere Menschheit krankt. Und daraus folgt, dass wir neben den Risiken, die unsere industrielle Gesellschaft beinhaltet, und ihren Zukunftsaussichten dann schließlich zwangsläufig in der relativ neuen Disziplin der Kollapsologie münden. Hier wäre dann eine echte Synthese erreicht, was man an ihrer später aufgezeigten Definition leicht erkennen wird.

In meinem nächsten Kapitel 6 Die Folgen werde ich dann noch auf mögliche Lösungsmuster für Mensch und Gesellschaft eingehen.

Aber beginnen wir zunächst mit der relativ neuen Wissenschaft Kollapsologie, die wie folgt definiert werden kann:[278]

„Die Kollapsologie (fr. "collapsologie") betreibt ein transdisziplinäres Studium des prognostizierten Endes der modernen Zivilisation. Zu diesem könnten Klimawandel, Zerstörung der Artenvielfalt und des ökologischen Gleichgewichts, Epidemien und Pandemien, Finanz- und Wirtschaftskrisen, Auseinandersetzungen mit konventionellen, chemischen und biologischen Waffen und Atomkriege, Verknappung und Wegfall von Ressourcen, Stromausfälle, Hungersnöte sowie andere Krisen und Katastrophen führen. Ein System nach dem anderen würde nach dieser Vorstellung kollabieren und damit die Menschheit um Jahrhunderte oder Jahrtausende zurückwerfen."

Als eine Art Grundlagenwerk gilt das von den Autoren Pablo Servigne und Raphaël Stevens in 2015 herausgegebene Buch „Comment tout peut s'effondrer: Petit manuel de collapsologie à l'usage des générations présentes", das in deutsch und mit einem Vorwort von Fabian Scheidler unter „Wie alles zusammenbrechen kann" im Jahr 2021 und auch einem Update durch die beiden Autoren erschienen ist.[279]

Der französische Koautor des Buchs, das in Frankreich hohe Wellen geschlagen hat, Pablo Servigne, ist Agraringenieur und promovierter Biologe während Raphaël Stevens sein Diplom an einer Wirtschaftshochschule erwarb. Ziel der beiden Wissenschaftler ist, „jeden Einzelnen und auch Kollektive auf die kommenden Schocks vorzubereiten." Und weiter: „Es erscheint mir nur logisch, die Zusammenbrüche der für die Biosphäre toxischen Systeme wie in einer palliativen Sorge zu begleiten und nebenher die Ökosysteme und andere Arten der Gesellschaftsbildung wieder zu Leben zu erwecken."[280]

Bevor wir uns jedoch später an eine Art „Reparatur" des Gesamtsystems im nächsten Kapitel 6 machen, sei noch auf ein weiteres Werk verwiesen, das etwas später im Jahr 2020 in Großbritannien unter „The Precipice, Existential Risk and the Future of Humanity" erschienen ist.[281] Der australische Philosoph und Ethiker Toby Ord beschreibt darin verschiedene Risiken, die auf die Erde zukommen können und bewertet sie anschließend mit einer Eintrittswahrscheinlichkeit. Neben Naturrisiken, wie Asteroiden- und Kometeneinschlägen und Eruptionen von Supervulkanen sowie Sternenexplosionen, geht es auch um menschengemachte Risiken, wie Klimawandel, Artensterben, Ressourcenkrise und auch zukünftige Risiken zum Beispiel aus der Künstlichen Intelligenz oder aus Pandemien.

Allerdings lässt Toby Ord keinen Zweifel daran, dass die sogenannten anthropogenen also menschengemachten Risiken wesentlicher für die Entwicklung in diesem Jahrhundert sind als die Naturrisiken: „By my estimate, we face about a thousand times more anthropogenic risk over the next century than natural risk, so it is the anthropogenic risks that will be our main focus.[282]

In einem relativ aufwendigen Gewichtungsverfahren bewertet er die Einzelrisiken und kommt dann schlussendlich auf ein Gesamtrisiko, das er als existenzielles Risiko bezeichnet. Im Ergebnis geht er von einer Wahrscheinlichkeit von eins zu sechs aus, dass sich die Menschheit in den nächsten 100 Jahren verabschieden wird. Zum Beispiel sind darin die aus seiner Sicht relativ unbedeutenden Naturrisiken von 1 zu 10.000. Höher bewertet sind Risiken aus atomaren Auseinandersetzungen oder auch Klimawandel. Was allerdings am höchsten bewertet ist, sind Risiken aus Pandemien und aus künstlicher Intelligenz. Wie gesagt, kommt Toby Ord auf einen Faktor eins zu sechs.[283]

Mir persönlich kommt die Risikobemassung etwas befremdlich vor. Aber ich stimme mit ihm überein, dass die menschengemachten Risiken zwei Merkmale aufweisen, die bei Naturrisiken nur gering oder gar nicht vorhanden sind:

Menschengemachte Risiken sind einmal wiederum durch menschliches Verhalten leichter verhinderbar oder zumindest reduzierbar. Und, da bin ich leicht anderer Meinung als der Autor, die Risiken sind leichter quantifizierbar, da man auf relativ gutes Datenmaterial zurückgreifen kann.

Während der Überfall einer außerirdischen Intelligenz relativ schwer zu quantifizieren ist, kann man einen Zusammenhang zwischen CO2-Entwicklung und Erwärmung der Wasser- und Landmasse der Erde sehr gut herleiten.[284]

Daher möchte ich zunächst die vermeid- oder verminderbaren Effekte beleuchten.

Wie man aus der Risikobewertung erkennen kann, ist die Art unseres Wirtschaftens mit hauptverantwortlich für Klimawandel, Artensterben, Bodendegradation, Pandemien und Umweltverschmutzung. Und die Art unseres Wirtschaftens hängt dann auch mit der Art und Denke unserer Spezies zusammen, wie wir mit dem Planeten umgehen.

Nachdem ich im ersten Teil in Kapitel 1 und 2 die sowohl systembedingten als auch menschenbedingten Kriterien für die derzeitige Schieflage beschrieben und diese dann in Teil II mit Aussagen und Theorien Nietzsches versucht habe zu erklären beziehungsweise insbesondere für die Ökologie weiterzuentwickeln, sind wir nun im dritten Teil angekommen, um noch einmal die wichtigsten Einflussgrößen zu beleuchten.

Dabei kommen wir nicht daran vorbei, die kapitalistische Wirkungsweise der meisten Staaten weltweit unter die Lupe zu nehmen. Und hierbei sei auf ein Büchlein verwiesen, dass eventuell bei dem ein oder anderen zunächst Befremden auslösen könnte. Es ist das Manifest des Unabombers Theodore John Kaczynski. Kaczynski ist im Juni 2023 im Alter von 81 Jahren im Gefängnis in North Carolina gestorben. In seiner Zeit als Terrorist galt das wegen seiner universitären Laufbahn hochgelobte Wunderkind, er war ein ehemaliger Mathematikdozent, als der in den USA meistgesuchte Verbrecher. Verantwortlich für 16 Bombenattentate, in denen drei Menschen gestorben und 23 verletzt wurden, hat das FBI nahezu 18 Jahre gebraucht, um ihn festzunehmen. Ungeachtet dieser unentschuldbaren Verbrechen, hat Kaczynski auch in der Haftzeit sehr weitsichtige Aufzeichnungen verfasst, die ich gerne gelesen habe. Seine Analysen zur Industriegesellschaft sind klar und weitsichtig, und die eigentliche Sprengkraft liegt in Kaczynskis Worten. Er hat seine Gedanken wie Friedrich Nietzsche in einer Art Aphorismenform in 232 Kurztexten zusammengefasst. Meiner Meinung nach ist es von hoher Bedeutung, auch diesen Texten eine gewisse Aufmerksamkeit zu schenken. So schreiben die Herausgeber des obigen Bandes: „Als Autor zweier hochgelobter Bücher

(Technological Slavery und Anti-Tech Revolution), eines nun weltberühmten Manifestes (,Die industrielle Gesellschaft und ihre Zukunft'), zusammen mit einigen anderen Aufsätzen, Geschichten und Briefen, bietet Kaczynski einen einzigartigen und unschätzbaren Beitrag für das Verständnis der Menschheit für das Wesen der Technologie und ihrer widrigen Wirkung auf die Gesellschaft."[285]

Im Unterkapitel „Der Machtprozess" führt Kaczynski ähnlich wie Friedrich Nietzsche bei „Wille zur Macht" auf, dass der Mensch Ziele braucht, deren Erreichung Anstrengung erfordert, und dabei muss er eine vernünftige Erfolgsaussicht bei der Zielerreichung haben. Diese Selbstermächtigung durch die autonome Anstrengung schafft Selbstwertgefühl, Selbstvertrauen und ein Gefühl von Macht. Dies ist in der modernen Gesellschaft nach Kaczynski nicht gewährleistet und diese Gesellschaft verlangt von Menschen, dass sie unter Bedingungen existieren, die sich radikal von dem unterscheiden, unter welchen sich das menschliche Individuum über Jahrhunderte entwickelte.[286]

Aber auch viele Menschen stecken in ihre Arbeit viel mehr Anstrengung als nötig, um das Geld und den Status zu verdienen, den sie brauchen und diese zusätzliche Anstrengung stellt so eine Ersatzaktivität dar. Und nach Kaczynski ist diese zusätzliche - zusammen mit der damit verbundenen emotionalen Investition - eine der stärksten Kräfte, die auf die ständige Entwicklung und Vervollkommnung des Systems mit negativen Folgen für die individuelle Freiheit hinwirken.[287]

Kaczynski hält die industriell-technologische Gesellschaft für nicht reformierbar, da unter anderem die beschriebene Einschränkung der Freiheit in der industriellen Gesellschaft unvermeidlich ist. Das das System so ist wie es ist, ist nach Kaczynski weder die Schuld des Sozialismus noch des Kapitalismus. Es ist vielmehr die Schuld der Technologie, weil das System nicht von Ideologie, sondern von technischer Notwendigkeit geleitet wird.[288]

Daher ist nach Kaczynski die Technologie eine stärkere soziale Kraft als der Wunsch nach Freiheit. Und obendrein folgt aus den immer mehr technologischen Neuerungen, die dazu tendieren, den Status zu zementieren, es für einzelne Individuen fast unmöglich macht, ohne diese Technologien noch zu funktionieren. Und Kaczynski nimmt weiter an, dass, falls die industrielle Gesellschaft überleben sollte, die Technologie einmal die vollständige Kontrolle über menschliches Verhalten erreichen wird.[289]

Kaczynski zeigt hier eine Weitsichtigkeit seiner Analysen, stellt doch das Überwachungssystem in China solch eine Entwicklung dar. Und während ich dieses Buch im Winter des Jahres 2024/2025 schreibe, hört man immer mehr von Amokläufen in China. Meines Erachtens wird das Land irgendwann vor eine Zerreißprobe gestellt. Denn zum Beispiel werden in solch einem System dann kaum noch Risiken eingegangen, was auf Kosten der Innovationsfähigkeit geht.

Einzig mit Kaczynskis Schlussfolgerungen ist Vorsicht angebracht. Er fordert eine Revolution und eine komplette Zerstörung des gegenwärtigen Systems. Das geht meiner Meinung nach zu weit, und ich werde daher im nächsten Kapitel konstruktivere Umbaumöglichkeiten, was das menschliche Wirtschaften angeht, vorstellen.

Ungeachtet dessen gehe ich dennoch von einem baldigen Ende der „Megamaschine"[290] aus, wie sie Fabian Scheidler nennt. Und wie man aussteigen kann, darum geht es im nächsten Kapitel.

Kapitel 6

Die Folgen

Prophetische Menschen. — Ihr habt kein Gefühl dafür, dass prophetische Menschen sehr leidende Menschen sind: ihr meint nur, es sei ihnen eine schöne „Gabe" gegeben, und möchtet diese wohl gern selber haben, — doch ich will mich durch ein Gleichniss ausdrücken. Wie viel mögen die Thiere durch die Luft- und Wolken-Electricität leiden! Wir sehen, dass einige Arten von ihnen ein prophetisches Vermögen hinsichtlich des Wetters haben, zum Beispiel die Affen (wie man selbst noch in Europa gut beobachten kann, und nicht nur in Menagerien, nämlich auf Gibraltar). Aber wir denken nicht daran, dass ihre Schmerzen — für sie die Propheten sind! Wenn eine starke positive Electricität plötzlich unter dem Einflusse einer heranziehenden, noch lange nicht sichtbaren Wolke in negative Electricität umschlägt und eine Veränderung des Wetters sich vorbereitet, da benehmen sich diese Thiere so, als ob ein Feind herannahe, und richten sich zur Abwehr oder zur Flucht ein; meistens verkriechen sie sich, — sie verstehen das schlechte Wetter nicht als Wetter, sondern als Feind, dessen Hand sie schon fühlen!

F. N., Die fröhliche Wissenschaft, Text aus: http://www.nietzschesource.org/#eKGWB/FW-316

Was sollen wir tun?

Kant hat schon die berühmten vier Fragen gestellt:
Was kann ich wissen?
Was soll ich tun?
Was darf ich hoffen?
Was ist der Mensch?
Allerdings ist er die Antworten meist schuldig geblieben. Denn für Kant hört nach meiner Meinung der Mensch am Hals auf, oder: Die Vernunft, so oft wir das auch meinen, kann keine Allgemeinlösung für unsere derzeitigen Probleme sein. Dazu gehört mehr. Und das finden wir unter anderem bei Friedrich Nietzsche.

Wie steigen wir also aus einem mehr als 500 Jahre altem System aus, das sich in dieser Zeit nahezu über die gesamte Erde verbreitet hat? Wie können wir für die in Kapitel 3 beschriebene und in Kapitel 4 geforderte Werteumkehr bei den meisten Menschen erreichen?

Meines Erachtens gilt hier auch mehr die Regel „Survival of the fittest", das heißt: Anpassung statt Stärke. Wobei Stärke in der Individualbetrachtung kein Nachteil sein sollte.

So hat der deutsche Professor Olof Goebel[291] mit seinen Studenten versucht herauszufinden, was in einem Kollapsfall für den Einzelnen zu beachten ist. Hierbei ist ein sogenanntes Vier-Stärken-Modell herausgekommen: Finanziell, beruflich, körperlich und sozial. Finanzielle Stärke funktioniert so lange, wie man das Finanzsystem noch nutzen kann. Daher wende ich mich den wichtigeren nächsten Stärken zu. So kann es wichtig sein, beruflich etwas zu tun, das auch im Krisen- oder Kollapsfall gefragt sein wird. Ein gutes Beispiel ist der zum Beispiel vorher hochdotierte und gefeierte Philosophieprofessor, der Steine behaut, die dann ein Maurer in dem Bau neuer Gebäude verarbeitet. Denn man kann davon ausgehen, dass viele derzeitige sogenannte Intellektuellenberufe, die am Tag mit ein paar Mausklicks am Computer eine Menge Geld verdienen, im Kollaps- oder Kriegsfall schlicht überflüssig werden. Allerdings sind aus meiner Sicht die beiden wichtigsten Stärken eine robuste Gesundheit und ein soziales Eingebundensein in eine Gruppe, die sich auch im Ernstfall verteidigen kann. Sowohl für die Gesundheit kann man selbst etwas tun, indem man versucht gesund zu leben, Übergewicht und Rauchen wie Alkohol zu vermeiden. Als auch für das Sozialleben, indem man neben der eigenen Familie einen kleinen Freundeskreis aufbaut, wo man sich darauf verlassen kann.

Der wissenschaftliche Leiter eines Microsoft-Labors und Autor Stephen Emmott beschreibt in seinem etwas apokalyptischen Buch „Zehn Milliarden" aus dem Jahr 2013 auf den letzten beiden Seiten:[292] „Ich habe einem der nüchternsten und klügsten Forscher, die mir jemals begegnet sind, einem jungen Kerl aus meinem Labor, der sich weiß Gott in diesen Dingen auskennt, die folgende Frage gestellt: Wenn er angesichts der Situation, mit der wir derzeit konfrontiert sind, nur eine einzige Sache tun könnte, was wäre das? Was würde er tun?

Wissen Sie, was er geantwortet hat?

‚Ich würde meinem Sohn beibringen, wie man mit einem Gewehr umgeht.'"

Natürlich kann das nicht alles sein, was man seinem Sohn oder Tochter weitergeben würde. Letztlich brauchen wir einen Generationenvertrag, der die vielen Generationen, die noch nach uns kommen (sollen) in der Planung berücksichtigt. Gerade dies habe ich bereits in meinem letzten Buch RestZEIT[293] ausgiebig beschrieben. Hierzu schreibt Peter Sloterdijk in seinem 2009 erschienenen Buch „Du mußt dein Leben ändern": „Dem Philosophen Hans Jonas verdanken wir den Beweis, dass die Eule der Minerva nicht immer in der Abenddämmerung ihren Flug beginnt. Durch seine Umformung des kategorischen Imperativs in einen ökologischen Imperativ hat er die Möglichkeit vorausschauenden Philosophierens für unser Zeitalter demonstriert:

‚Handle so, dass die Wirkungen deines Handelns verträglich sind mit der Permanenz echten menschlichen Lebens auf Erden.'

Damit nimmt der metanoetische Imperativ für die Gegenwart, der den kategorischen zum absoluten steigert, hinreichend scharfe Konturen an. Er stellt die harte Forderung auf, uns auf die Monstrosität des konkret gewordenen Universellen einzulassen. Er verlangt von uns den Daueraufenthalt im Überforderungsfeld enormer Unwahrscheinlichkeiten."[294]

Für uns selbst wie auch die nachfolgenden Generationen tragen wir eine große Verantwortung, die Erde für menschliches Leben zu erhalten. Irgendwann werden, sofern es noch möglich ist, die Enkel fragen, was Ihre Großeltern zur Rettung des Erdballs getan haben. Großes Auto, großes Haus und ständige (Urlaubs-)Reisen mit dem Flugzeug sowie eine fleischlastige Ernährung und die Benutzung fossiler Energien werden dabei bei der Einschätzung der Enkelgeneration nicht akzeptiert werden. Es braucht daher ein Generationenmanifest, das im Idealfall sowohl altersübergreifend wie auch staatenübergreifend etabliert wird. Das Bildungssystem kann hierbei, sofern es - rasch - umgestellt wird, eine wichtige Hilfestellung leisten. Neben Unterrichtseinheiten wie Mathematik und Deutsch braucht es ein Fach, nennen wir es mal „Nachhaltigkeit" und zwar Nachhaltigkeit in ökonomischen, sozialen und natürlich ökologischen Belangen. Dieses Generationenmanifest kann innerstaatlich und besser noch überstaatlich verfasst sein. Dabei darf es keine Denkverbote geben und es sollte versucht werden, eine globale Empathie herzustellen. Wir sitzen alle in einem Boot und die Weltgemeinschaft sollte dabei an einem Strang ziehen.

Friedrich Nietzsche beschreibt, wie wir bereits wissen, den Menschen als krankes Tier, und wenn man sich vom Glauben an das ewige Leben verabschiedet, dann fragt man sich, was es heißt, ein menschliches Wesen zu sein, befreit von den Ketten einer übergeordneten metaphysischen Bestimmung. Denn ausgestattet mit der Kraft, ohne Religion zu leben, muss der Mensch nun Verantwortung für sein eigenes Handeln übernehmen.[295]

Es braucht eine Überlebensintelligenz, um aus der Megamaschine Kapitalismus auszusteigen. Und in welche Richtungen es gehen wird, ist schwer vorauszusagen.

Daher benötigen wir - weltweit - eine geistige Disruption[296].

Und wenn von Disruption die Rede ist, meinen wir meist eine technologische Disruption. Ein Beispiel dafür kennen wir aus der Autobranche: Dort hat man stets versucht herauszufinden, welche Autos die Leute morgen kaufen werden. Dass sie gar keine

Autos mehr kaufen möchten - auf die Idee kam niemand. Aber genau das erleben wir gerade bei jungen Menschen. Die Bedürfnislagen ändern sich unerwartet und sind nicht prognostizierbar.[297]

Natürlich kann man fragen, ob die althergebrachten Wachstumsannahmen nicht alles irrige Grundannahmen sind, die Welt nicht auch ohne Wachstum funktionieren könnte: Bei uns Menschen begann das Wachstum zwischen den Ohren und nahm dabei einen Anfang in den Köpfen unserer Vorfahren. Die Erfolgsgeschichte des Homo Sapiens verdankt er dem Streben nach Erkenntniszuwachs, Grenzüberschreitungen und neuen Erfahrungen. Geistiges Wachstum bedingt dann weiter materielles Wachstum, zumal, wenn sich eine Spezies reproduziert. Und die Mär vom selbstgenügsamen Naturvolk ist auch nicht haltbar. In aller Regel haben sich Naturvölker mit schöner Regelmäßigkeit ihrer Lebensgrundlagen beraubt, da sie oft von ökologischen Zusammenhängen nichts verstanden. Ein Beispiel dafür ist die Geschichte der Osterinsel, einst ein blühendes Naturparadies, das die dort lebenden Stämme vor eintausend Jahren - wegen eines Gotteskultes - in einen kahlen, lebensfeindlichen Brocken verwandelten.[298]

Besseres Wachstum beginnt daher mit Bildungswachstum, denn wer mehr weiß und versteht, entwickelt mehr Verantwortlichkeit. Soziales Wachstum beginnt mit Bildungswachstum, denn wer mehr weiß und versteht, entwickelt mehr Verantwortlichkeit. Soziales Wachstum wird zentral, denn sich umeinander kümmern, was sich zum Beispiel in höherer Wertschätzung und Entlohnung sozialer Berufe niederschlägt, aber auch in Seelsorge sowie Alten- und Krankenpflege. Grundsätzlich gilt daher weniger Quantität, aber steigende Qualität. Dies heißt wiederum: Verringerung von Produkterneuerungszyklen, längere

Lebensdauer und mehr Wertigkeit. Und bedarfsgerechtes Wachstum kommt in Mode: kein verordneter Bedarf, sondern Selbstüberprüfung, was man wirklich benötigt.[299]

Stephen Emmott beschreibt in seinem etwas apokalyptischen Buch „Zehn Milliarden" aus dem Jahr 2013:

„Wenn wir eine globale Katastrophe verhindern wollen, müssen wir irgendetwas Radikales tun - und ich meine wirklich tun. Aber ich glaube nicht, dass wir das machen werden.

Ich glaube, wir sind nicht mehr zu retten."[300]

Solange wir den Planeten besiedeln, und wenn alles zusammenbricht, wird es auf Fähigkeiten ankommen, die bei vielen Menschen längst vergessen wurden. Es geht dann um eine Investition in die eigenen Fähigkeiten, die zum Beispiel mit Handwerk, Landwirtschaft und anderen Basics zusammenhängen können. Im Mittelalter gab es viele Reparaturberufe und erst seit etwa 70 Jahren gibt es eine „Wegwerfgesellschaft", wie wir sie heute vorfinden. Die „Obsoleszenz" muss weltweit aufgehoben werden.

In Zukunft werden viele Sinne, die bereits in Vergessenheit geraten sind, dann neu wiederbelebt. Zum Beispiel das Navigieren im Wald oder Finden von Wasser und essbaren Pflanzen, Feuer machen, sich vor Naturgefahren schützen und Leben ohne Energie, größere Mobilität, Finanzen und Medizin.

Zum Überleben ist eine andere Intelligenz erforderlich.

Institutionen und staatliche Einrichtungen verschieben sich gesellschaftlich immer mehr dahin, dezentralen politischen und technischen Entscheidungsstrukturen stärker Gewicht zu verleihen. Manche gesellschaftliche Gruppe bestreitet ihren Lebensunterhalt bereits mit nicht-konsumptiven Tätigkeiten und sogar mit nicht- marktförmigem Tausch. Veränderungen dieser Art entsprechen Wünschen und Bedürfnissen vieler Menschen. Und daher sollten Trends zu solchen Organisationsformen aktiv gefördert werden.[301]

Genossenschaftliche Strukturen nach dem Vorbild und Motto: „Was einer nicht alleine schafft, das schaffen viele" sind weiterzuentwickeln und flächendeckend einzusetzen. Man muss wissen, dass Genossenschaften weltweit die älteste Unternehmensform sind. Bereits in Ägypten gab es lange vor dem Beginn unserer Zeitrechnung landwirtschaftliche- und Winzergenossenschaften. In Deutschland muss jede Genossenschaft einem Verband angehören. In einem Verfahren alle zwei Jahre, bei größeren Genossenschaften jährlich, werden die Bücher vom Verband geprüft, was die Genossenschaften in Deutschland zu der insolvenzsichersten Unternehmensrechtsform macht.

Vollkommen neue Produkte und Dienstleistungen müssen entwickelt werden, und sowohl die Lebensdauer als auch die Gebrauchsintensität werden Schlüsseleigenschaften von Produkten sein. Arbeit muss deutlich billiger werden als Energie und Rohstoffe, und diese radikale Dematerialisierung wird mindestens ein halbes Jahrhundert brauchen. Und die jüngste Geschichte hat gezeigt, dass sich in solch einem Zeitraum die technische Basis einer industrialisierten Gesellschaft radikal verändern kann und weiterhin verändern wird, wenn man nur will.[302]

Gewählte Vertreter werden die entsprechenden Veränderungen anstoßen, wenn deren Wähler dies nachfragen.[303]

Aber ob sich am Ende neue autoritäre Systeme, Mafia und Warlordnetzwerke oder Strukturen demokratischer Selbstorganisation durchsetzen werden, wird davon abhängig sein, wie wir auf die systemischen Disruptionen, die bevorstehen, vorbereitet sein werden.[304]

Unsere Konsumgewohnheiten müssen sich grundlegend ändern, was ohne erhebliche Selbsteinschränkungen nicht denkbar sein wird. Und dasselbe trifft auf die Produktionsgewohnheiten zu: Man wird in Zukunft mit weniger Materialien und Energie auskommen müssen. Und Beides wird nicht ohne – materielle – Wohlstandsverluste stattfinden. Aber es wird auch Wohlstandsgewinne geben. Hauptsächlich dann auf der immateriellen Seite. Somit geht es um eine „Askese der Zukunft"[305], bei der es nicht um das Verzichten allein geht, sondern darum, um die Einsicht, wie wenig man braucht. So tragen zum Wohlergehen gute Familien-, Freundschafts-, Nachbarschafts- und Kollegenbeziehungen erheblich bei. Auch kann man bei Sport und Weiterbildung auf Materielles weitestgehend verzichten. Dabei ist es wichtig, sich gesund zu erhalten (Voraussetzung ist das Vorhandensein eines Gesundheitssystems) und auf der anderen Seite auch Rechtssicherheit gewährleistet zu bekommen.[306]

Eine gegebene Rechtstaatlichkeit wäre sowieso eine Grundvoraussetzung für Wohlbefinden. Aber demokratische Systeme müssen auch wehrhaft nach innen und außen sein. Denn oft sind gerade unsere Demokratien anfällig für Störfaktoren. Auch in Deutschland wird es bei der kommenden Wahl, ich schreibe gerade hier am Buch im Januar 2025, darauf ankommen, ob die Probleme im Land gelöst werden sollen, oder ob man der rechtspopulistischen AfD die Stimme gibt, die auf fast alle Zeitfragen entweder keine Lösung anbieten kann oder diese Problematiken schlichtweg leugnet. So ist sie die einzige deutsche Partei, die den menschengemachten Klimawandel leugnet und daher auch im Energiesektor „business as usual" propagiert. Gottseidank sind die demokratischen Parteien derzeit dabei, unsere demokratischen Instrumente krisensicher zu machen, angefangen beim Bundesverfassungsgericht. Und es bleibt abzuwarten, wie sich der neue Präsident Trump in seinem Amt, das noch weitreichender als nach der ersten Wahl 2016 ausgestattet ist, verhalten wird. Denn schafft er die Demokratie weitestgehend in einer der ältesten Demokratien der Welt ab, dann werden auch andere westliche Länder in Schwierigkeiten geraten – denkt man zum Beispiel an die Mitgliedstaaten NATO.

Die Kernthese von Karl Marx war, dass sich der Kapitalismus selbst abschafft durch eine immer größere Konzentration des Kapitals. Und zur Überraschung aller könnte Marx doch noch recht behalten. So – ich wiederhole mich – besitzen die acht reichsten Menschen der Welt heute so viel wie die knapp vier Milliarden der ärmsten Menschen auf dem Planeten. Der Gewinn ist unersättlich, am Ende greift das Kapital nach der Macht. [307]

Genau dies findet gerade statt.[308]

Für die meisten Menschen, die nicht zu den Reichsten gehören, ist die soziale Marktwirtschaft von materiellem Vorteil. Denn gut ausgestattete Krankenhäuser, saubere Züge, auch jenseits der Hauptrouten wie auch soziale Absicherung und bezahlbare Bildung kommen bei den Visionen eines Elon Musk nicht vor. Dabei ist Resilienzentwicklung für ganze Staaten essentiell.[309]

Man wird daher um eine Milliardärssteuer und auch eine Besteuerung der Multimillionäre nicht herumkommen. Diese könnte ab 100 Milliarden bei 100 Prozent liegen, was einer Enteignung gleichkäme. Und der in Köln lebende Schriftsteller und

Friedenspreisträger Navid Kermani meint in seinem hier in der DIE ZEIT vorgestellten Artikel im letzten Satz:

Wenn er (der Kapitalismus[310]) weiter bestehen will, kommt der Kapitalismus darauf zurück.[311]

Der Soziologe Andreas Reckwitz geht in seinem neuen Buch „Verlust. Ein Grundproblem der Moderne." von drei verschiedenen Zukunftsszenarien aus. Zunächst fußt die „Weiterführung der Moderne" darauf, dass dank neuer Technologien wie der Künstlichen Intelligenz eines „ecological engineering" oder neuer Formen sozialer Kooperation eine Spätmoderne entstehen könnte. Dabei würden nichtwestliche Versionen, die ihrer eigenen Logik von Kapitalismus, Staat und Kultur folgen, sich als zukunftsträchtiger erweisen als der Westen. Das zweite Szenario geht von einem Zusammenbruch aus. Denn sobald Verlustpotenzierungen einen zusätzlichen Schub erhielten, zum Beispiel infolge des Klimawandels, demokratischer Regressionen, schlecht gemanagter Pandemien oder neue Finanzkrisen, könnte ein solcher gesellschaftlicher Kipppunkt erreicht werden.[312]

Im gewissermaßen „Zwischenszenario" „Reparatur der Moderne" geht dann Reckwitz nicht von einem einfachen „weiter so" aus, sondern es geht darum, einen großen Teil der Errungenschaften der Moderne für die Zukunft zu bewahren. Resilienz ist dabei gefordert, und zwar auf allen Ebenen, egal ob es um Klimawandel und Klimapolitik, ob es um Demokratie, Sicherheitsarchitektur, Infrastruktur, Gesundheitsversorgung, soziale Netzwerke oder die innere Balance des Subjekts geht. Resilienz ist dabei nicht nur als die Arbeit an der Widerstandsfähigkeit, sondern als aktive Transformation in die Richtung von

Verhältnissen zu verstehen, die mit dem Negativen rechnen und dagegen Vorkehrungen treffen. Die Moderne könnte „reifen", ja im besten Fall „wachsen", denn nach 250 Jahren wird es Zeit, dass sie erwachsen wird und lernt, klug mit den Verlusten umzugehen, so Reckwitz im letzten Satz seines Buches.[313]

Und auch der etwas jüngere Soziologieprofessor Philipp Staab, geboren 1983, geht davon aus, dass die nächste Gesellschaft vor allem mit der Stabilisierung einer prekär werdenden Ordnung befasst sein wird.[314]

„Leitfaden"

Eigentlich müsste man hier von sogenannten Leitfäden sprechen, denn sowohl auf individueller als auch überindividueller Ebene muss gleichzeitig an vielen Stricken gezogen werden, um das Überleben auf diesem Planeten zu sichern.

Dabei ist zu beachten, dass es einmal Umstellungen in der Lebensführung geben muss aber auch gleichzeitig eine Anpassung an die in den nächsten Dekaden folgenden „Umwelten".

Was kann der Einzelne tun?[315]

Klima- und energiebewusste Bürger und Verbraucher können und sollten jetzt dringend...

- Populismus mit sachlichen und ausgewogenen Argumenten begegnen.

- zeitfressende Debatten vermeiden, sobald klar wird, dass die Gegenseite nicht auf rationalem Boden argumentiert und nicht dorthin zurückkehren wird.

- die eigene Meinung sagen. Überzeugungen verteidigen, sichtbar werden.

- klima- und energiepolitische Petitionen unterschreiben.

- Ablenkungsmanöver im Wahlkampf durchschauen und zur Bundestagswahl gehen.

- nicht länger zuschauen, sondern selbst aktiv werden. Auf die Straße gehen, demonstrieren. Mitglied einer Partei werden und sich für eine dezentrale, intelligente Energiewende engagieren. Sich nicht von Lobbyisten beirren lassen.

- sachliche und wissenschaftliche Informationen an Freunde, Verwandte und Kollegen weitergeben.

- die eigenen Privilegien hinterfragen.

- Ökostrom beziehen. Am besten von einem echten Ökostromanbieter, der ausschließlich Strom aus erneuerbaren Quellen anbietet. Oft ist das günstiger als der Grundstromtarif, den viele Verbraucher nutzen, die noch nie den Stromanbieter gewechselt haben.

- Energie sparen. Das Zuhause energieeffizient gestalten und bis zu 1.000 Euro im Jahr sparen.

- Mitglied in einem Bürgerwindpark oder einer Energiegenossenschaft werden. Die eigenen Depots dekarbonisieren und prüfen, was die Rentenversicherung mit dem eigenen Geld anstellt.

- zum Stromproduzenten werden. Eine Solaranlage auf dem Dach oder Balkon betreiben oder eine Blockheizkraftwerk im Keller.

- eine nachhaltige Verkehrswende unterstützen. Das eigene Auto stehen lassen, abschaffen oder Carsharing betreiben. Öffentliche Verkehrsmittel, Fahrrad oder Bahn nutzen. Wenn es nicht anders geht, beim nächsten Autokauf ein klimaschonendes Fahrzeug oder E-Auto anschaffen.

- nur fliegen, wenn es nicht anders geht. Die Emissionen für Flüge ausgleichen, z. B. über www.atmosfair.de.

- regionale Produkte und saisonale Lebensmittel kaufen. Die Ernährung sollte weder Umwelt noch Klima schädigen.

Klima- und energiebewusste Wissenschaftler können und sollten jetzt dringend...

- den Elfenbeinturm verlassen und wissenschaftliche Fakten einer breiten Öffentlichkeit verständlich machen.

- in persönliche Gespräche gehen, aber auch in die Medien und in populäre Veranstaltungsformate.

- sich nicht auf Schaukämpfe einlasse, sondern echte Fragen stellen und echte Antworten geben.

- den Diskurs nicht nur den Medienmachern und selbsternannten Experten überlassen.

Klima- und energiebewusste Unternehmer können und sollten jetzt dringend...

- das Unternehmen konsequent auf Nachhaltigkeit ausrichten.

- in Energieeffizienz- und Nachhaltigkeitsmaßnahmen investieren.

- die Mitarbeiter unterstützen, Energie zu sparen.

- das Energiesparen belohnen.

- gegen die Privilegien von Unternehmen protestieren, die in fossile Energien investieren oder diese nutzen.

- die eigenen Privilegien hinterfragen.

- die wirtschaftliche Macht und die eigenen Gestaltungsmöglichkeiten nutzen.

- soziales Engagement für Klimaschutz unterstützen.

- Finanzpartner überprüfen und Bankgeschäfte dekarbonisieren.

Klima- und energiebewusste Politiker können und sollten jetzt dringend...

- sich nicht von rückwärtsgewandten Lobbyisten beirren lassen.

- für energiepolitischen Konsens lokal und überregional streiten

- die Wissenschaft verteidigen und unterstützen.

- die politische Macht und ihre Gestaltungsmöglichkeiten nutzen.

- rausgehen, zuhören und fordern. Eine offene Debattenkultur pflegen, Belege einfordern und nicht anbiedernd auf Stimmenfang gehen.

- finanzielle Anreize schaffen, damit Klimaschutz für Verbraucher und Wirtschaft attraktiv ist.

- das EEG und den Emissionshandel retten.

- Stromkunden entlasten. Regelungen schaffen, damit die niedrigen Börsenstrompreise an die Verbraucher weitergegeben werden.

- die Börsenstrompreise stabilisieren und einen überdimensionierten Netzausbau verhindern.

- den Kohleausstieg konsequent vorantreiben. Rahmenbedingungen für einen konsequenten Kohleausstieg schaffen.

- einen Mindestpreis für CO_2 festlegen, der klimapolitische Wirkung hat.

- klare Entscheidungen treffen und dabeibleiben. Unternehmen einen konsequenten Klimakurs vorgeben. Unternehmen für Investitionen in den Klimaschutz belohnen.

- Energieeffizienzmaßnahmen und Klimaschutz aller Art belohnen.

- auf Abwrackprämien für alte Kraftwerke verzichten.

- für eine nachhaltige Verkehrswende und Elektromobilität kämpfen.

- bei einem klaren Energiewende-Kurs bleiben. Keine Rückschritte erlauben, keine Privilegien für die fossile Energiewelt verteilen.

- den Ausbau der erneuerbaren Energien so sehr vorantreiben, dass konventionelle Kraftwerke überflüssig werden!

Neben den obigen Maßnahmen macht es ebenfalls Sinn, Anpassungsmaßnahmen zu lernen und sich auf prekäre Zukunftsszenarien einzustellen.

Hilfreich war für mich der Besuch dreier Workshops bei der Schader-Stiftung in Darmstadt im November/Dezember 2024. Die Workshops beschäftigten sich einem klimabedingten drohenden Kollaps von schleichendem Verfall, zusammenbrechenden wirtschaftlichen und politischen Strukturen und deren gesellschaftlichen Folgen. Ziel der Reihe sollen dabei Diskussion und Austausch einer begrenzten Zahl von Fachleuten und interessierten Persönlichkeiten sein. Dabei wurden die Workshops von Studierenden des Studiengangs Onlinejournalismus der Hochschule Darmstadt begleitet und in Teilen dokumentiert.[316]

In dem zweiten Workshop im Dezember, an dem ich teilnahm, haben wir uns mit dem – so haben wir es genannt – „kollektivem Preppen" befasst. Dabei ist eine Collage aus Maßnahmen entstanden, der wir Oberpunkte zugeordnet haben.

Wir haben im Kompetenzmodell „solidarisches Preppen" alle Maßnahmen in „intellektuell", „narrativ", „sozial", „manuell", „physisch", „ethisch", „spirituell/emotional/psychologisch" und „strukturell" eingeteilt.

Intellektuell ist zunächst einmal ein Wissen herzustellen, das ein fundiertes Verständnis für biophysikalische Veränderungen ermöglicht. „Was wird kommen – was wird gehen?"

Sozial kann bedeuten, dass man unter Druck gemeinsame Entscheidungen herbeiführen und auch moderieren lernen muss. Kompetenz für Deeskalation und Bedürfnisse verstehen lernen. Community Building im Sinne von gemeinsamen Momenten, wie zusammen waschen...

Es müssen neue Narrative gefunden werden, Gemeinsames muss betont werden, im Sinne von zum Beispiel: Haben wir den „homo oeconomicus" als Menschenbild, oder sind wir Beziehungswesen? Es sollten Orte gelebter Utopie geschaffen werden, worüber dann auch Erzählungen stattfinden können. Den Satz: „Was ist persönlicher Erfolg?" infrage stellen. Utopien zur Transformation des fossilen Kapitalismus erzählen. Andere Zukünfte imaginieren, statt Kapitalismus und Bandentum. Luxus, Erfolg und Wohlstand umdefinieren.

Manuell kann bedeuten, sich im Freien orientieren lernen, Feuer machen können, erste Hilfe leisten usw..

Physisch könnte man sich mit Wasserfilter, Essensvorräten und einem manuellen Radio, eventuell zum Kurbeln, ausstatten.

Ethisch muss man klären, unter welchen Bedingungen man zum Beispiel Gewalt anwenden wird. Werte müssen umdefiniert werden, im Sinne von: „Teilen oder allein im Bunker"?

Im Bereich spirituell/emotional/psychologisch geht es darum, einen größeren Bezug zu setzen, als nur individuelle Vorteile zu sehen. „Nicht am Rad drehen", wenn es extrem schwierig wird (Aushalten können). Strategien finden zum Umgang mit Leid, Trauer, Hoffnungslosigkeit, Nichtwissen und Abschied. Anerkennen was ist: Wo sind wir gelandet? Ändern wie sich das Narrativ des Kapitalismus in unseren Köpfen über Generationen verbreitet hat. Resilienz im Sinne von: mit der Unlösbarkeit der Lage ehrlich umgehen. Kompetenz, Widersprüchlichkeit auszuhalten. Transgenerationale Dynamiken im Sinne von Traumata verstehen.

Und schließlich kulturell neue Visionen, sich im Kollaps zu solidarisieren. Und Wertschätzung für Neurodiversität. Denn manchmal müssen neue Wege und Lösungen her. Dazu braucht es diverses Denken.

Aber auch strukturelle Ansätze sind wichtig. Hierzu sind Kooperationen mit dem Katastrophenschutz, Helferinnen und Helfer sowie sonstigen Aktivisten einzugehen. Auch die Einbindung in der Nachbarschaft ist wichtig, im Sinne von: „Kenne Deine Gang".

Abschließend sei hier noch ein Buch empfohlen, das von dem verstorbenen Survival-Trainer Rüdiger Nehberg bereits in der ersten Auflage 2002 geschrieben wurde. Dort erfährt man viel über Feuer machen, Nahrung suchen, Trinkwassergewinnung, Verhalten bei Schlangenbissen, Bedrohung durch Haie und Insekten. Das locker geschriebene Buch zeigt auf, das Gefahren kalkulierbar und zu meistern sind, und es leitet konkret an, wie man sich auch in Alltagssituationen wieder herauslaviert.[317]

Kapitel 7

Ausblick / Metaphysisches

Der SEHER muß liebevoll sein, sonst hat er kein Vertrauen bei den Menschen: v. Kassandra (F.N., dtv., 8/72)

Giebt es eine Metaphysik?...
eKGWB/NF-1887,9[95]

"Im dunklen Gewitter will ich verschwinden: und für meine letzten Augenblicke will ich Mensch zugleich und Blitz sein."
F. N. (Nachlaß)

Wie wird die Ankunft in der Postzivilisation aussehen?

Verschiedenste Zukunftsvisionen sind möglich. Angedeutet habe ich dies ja im letzten Kapitel.

Was man allerdings in der derzeitigen Multikrisensituation feststellen muss, ist, unser demokratisches System – ich möchte in keinem anderen leben – sollte möglichst lange erhalten bleiben. Denn auf der einen Seite führt ein freiheitliches, rechtsstaatliches System zu mehr Innovation, die wir in so gut wie allen Bereichen dringend benötigen. Auf der anderen Seite müssen wir auch für unseren eigenen Schutz sorgen. Hier bin ich einmal in wohl einziger Übereinstimmung mit dem neugewählten amerikanischen Präsidenten Donald Trump, der das schon lange bei den NATO-Partnern einfordert.

Frankreichs Präsident Emmanuel Macron hat zum wiederholten Male einen „strategischen Dialog" über die französischen Atomwaffen angeboten. Daraufhin reagierte die deutsche Bundesregierung bislang abweisend und genervt. Dabei ist Frankreich hinter Russland, den USA und China die viertgrößte Nuklearstreitmacht der Welt. Ihr Arsenal umfasst knapp 300 Sprengköpfe, und damit verfügt Frankreich über fast dreimal so viele Atomwaffen, wie die USA zurzeit in Europa stationiert haben. Und zur französischen Nuklearstreitmacht zählen vier atombetriebene U-Boote, von denen mindestens eines immer unterwegs ist. Jedes der U-Boote kann bis zu 16 Atomraketen transportieren, deren Reichweite bis zu 6000 Kilometer beträgt. Das garantiert, das Frankreich sogar nach einem Angriff auf sein Gebiet jederzeit zurückschlagen könnte.[318]

Auch der ehemalige Außenminister Joschka Fischer mahnt, dass eine Diplomatie ohne „hard power" nicht viel ausrichten kann. Er konnte sich auch nicht vorstellen, dass er sich einmal für Aufrüstung und sogar nukleare Abschreckung aussprechen würde. Und wir wären daher gut beraten, mindestens konventionell ein Optimum an Abschreckungsfähigkeit zu entwickeln. Fischer glaubt aber nicht, dass Putin die NATO testen könnte. Und er denkt, dass es sinnvoll wäre, die Wehrpflicht im Lande wieder einzuführen. Er selbst hat damals mit für deren Abschaffung gesorgt und hält dies heute für einen Fehler. Für Europa sieht Fischer nicht mehr den gemeinsamen Markt mit seinen Wohlstandsgewinnen im Vordergrund, sondern Sicherheit wird das Wichtigste in den nächsten Jahren sein.[319]

Ich selbst war nie in meinem Leben – obwohl friedliebend – Pazifist. Zu Zeiten der Grenzöffnung zur damaligen DDR am 9. November 1989 leistete ich Wehrdienst in einer Einheit, die im Ernstfall zusammen mit den Amerikanern Atomwaffen verschossen hätten. „Damit die Taschenrechner, die wir damals für die Geschützdaten eingesetzt hatten, nicht einfrieren", war unser Fünftonner, in dem wir meist zu Zweit mit unserem Oberfeldwebel saßen, ständig beheizt. Das führte bei besonders kalten Manövertagen dazu, dass sich die Kommandeure gerne bei uns zu Kaffee und Kuchen einfanden. So hatte ich Gelegenheit, meine Englischkenntnisse zu verbessern. Ab und an tauchte auch der ein oder andere General auf, um sich bei uns aufzuwärmen. Leider konnte man bei solch hohem Besuch nicht schlafen, sondern musste ständig gefechtsbereit sein. Daher kann ich seither auch im Bürostuhl aufrecht sitzend schlafen, was meine Arbeitstage manchmal schneller rumgehen ließ...

Viele Jahre später habe ich erfahren, dass ich in einer sogenannten Eliteeinheit gedient hatte, was mir damals nicht so recht bewusst war. Nichtsdestotrotz halte ich es schon immer für nötig, abwehrfähig zu sein. Denn es gibt zu viele Aggressoren, Diktatoren und andere Wirrköpfe, um sich rein pazifistisch verhalten zu können.

Neben dem Angriffskrieg von Diktator Putin tobt auch im Nahen Osten nach dem Angriff der Hamas im Oktober 2022 ein Krieg. Und nach den Gräueltaten an den Juden im Deutschland der dreißiger und vierziger Jahre durch die Nazis haben wir gegenüber Israel eine besondere Verantwortung.

Auch Joschka Fischer sieht in der Abwehrstärke und dem harten Rückschlagen gegen seine Gegner eine Notwendigkeit, da es sonst das Land dort nicht mehr gebe.[320]

Und bei aller teilweise berechtigten Kritik an der militärischen Vorgehensweise Israels, die übrigens oft von der jüngeren Generation kommt, sollten die Berliner Regierungspolitiker nicht von ihrem Kurs abweichen.

Seit spätestens 2022 kann man allen Spitzenpolitikern – und nicht nur denen – raten, sich mit den Schriften von Niccolo Machiavelli wieder mal auseinanderzusetzen. Ich selbst habe sein bekanntestes Werk[321] im Dezember 2023 gelesen. Und außer meinem „Ausflug" für anderthalb Jahre zur Bundeswehr bin ich in militärischen Dingen eigentlich wenig bewandert. Nichtsdestotrotz bin ich nun meine Markierungen in dem kleinen Reclambändchen durchgegangen und habe festgestellt, dass der russische Diktator Putin von acht wichtigen militärischen Ratschlägen ganze sieben befolgt hat.

So zum Beispiel auf Seite 38: „(...) Ich schicke voraus, daß die Staaten, die bei ihrer Erwerbung einen ererbten Staat des Eroberers angegliedert werden, entweder zu demselben Land und derselben Sprache gehören oder nicht. Im ersten Fall lassen sie sich sehr leicht behaupten (...)." Oder Seite 38 - 39:

„(...) Wer solche Staten erwirbt, hat zweierlei zu beachten, wenn er sie behalten will: einmal, daß von dem Geschlecht ihres angestammten Fürsten niemand übrig bleibt (...).“ Seite 40: „(...) Hierzu ist zu bemerken, daß man die Menschen entweder für sich einnehmen oder vernichten muß. Denn für leichte Kränkungen nehmen sie Rache, für schwere können sie es nicht. Wer also jemand schädigt, muß es so gründlich tun, daß er keine Rache zu fürchten hat (...).“ Und Seite 45: (...) „Die Eroberungslust ist etwas sehr Natürliches und Verbreitetes, und sooft Fürsten auf Eroberungen ausgehen, die die Macht dazu haben, werden sie gepriesen oder wenigstens nicht getadelt. (...)“ Oder besonders Seite 47: „(...) Wer einem andern zur Macht verhilft, richtet sich selbst zugrunde; denn es gehört dazu von seiner Seite entweder Geschicklichkeit oder Gewalt, und durch beides macht er sich dem, der zur Macht gelangt ist, verdächtig. (...)“ Seite 99: „(...) denn die Vergeudung fremder Habe mindert dein Ansehen nicht, sondern erhöht es; nur die Vergeudung des Eignen schadet dir. (...)“ Dann Seite 105: „(...) Es ist also nicht nötig, daß ein Fürst alle aufgezählten Tugenden besitzt, wohl aber, daß er sie zu besitzen scheint. Ja, ich wage zu behaupten, daß sie schädlich sind, wenn man sie besitzt und stets ausübt, und nützlich, wenn man sie zur Schau trägt. (...)“ Und Seite 129: „(...) denn wer die Regierung eines Staates in den Händen hat, darf nie an sich denken, sondern immer nur an den Fürsten, und er darf ihm nie etwas raten, was nicht in seinem Interesse ist. (...)“

Nur auf Seite 82 zum Thema Söldner hat er eine von Machiavelli abweichende Sicht: „(...) Söldner und Hilfstruppen sind unnütz und gefährlich, und eine Herrschaft, die sich auf Söldner stützt, wird nie dauerhaft und sicher sein. Denn sie sind uneins, machtgierig, zuchtlos und verräterisch, verwegen in

Freundesland, feige vor dem Feinde, ohne Furcht vor Gott, ohne Treue gegen die Menschen. (...)" Allerdings hat er sich, als die Wagner-Söldner unter ihrem Schlächter und Anführer Prigoschin zu aufmüpfig wurden, diesem mittels eines Flugzeugabsturzes entledigt. Vielleicht kommen aber nun Probleme über die abertausenden Soldaten, die Kim Jong-un an Putin verkauft hat. Man wird es sehen.

Kommen wir aber zurück zu den Aussagen des Friedrich Nietzsche, der auch für unsere Zukunft viel gesagt hat, von welchem aber Vieles noch nicht dechiffriert wurde. Aber meine Hoffnung ist, dass ich bisher schon einige Aussagen Nietzsches in einen neuen Zusammenhang bringen konnte.

Nietzsches „schwerster Gedanke", die Ewige Wiederkehr des Gleichen, den er an einem Felsen im schweizer Ort Sils Maria anlässlich einer Wanderung hatte, macht Nietzsche zu einem Religionsstifter par excellence. Denn denkt man den Gedanken weiter, dann würde man immer dafür sorgen, dass man ein Leben lebt, das man ewig wiederholt wieder leben möchte. Somit wäre ethisches Handeln unabdingbar, zumindest was Leid Vermeiden angeht, wie dies der Buddhismus lehrt. Daher könnte man Friedrich Nietzsche auch als einen anti-metaphysischen Metaphysiker bezeichnen. Und Lou Andreas-Salomé, die sich durch zwei Eigenschaften besonders auszeichnete – Denkerin auf Augenhöhe und die Friedrich Nietzsche sehr gut kannte – hat in ihrer bereits erwähnten Biografie in den letzten Sätzen dies noch einmal deutlich gemacht:[322] (...) „In der gewaltigen Seelenkraft aber, durch die er sich so hoch über sich selbst zu stellen vermochte, lag, psychologisch betrachtet, für ihn eine innere Berechtigung, sich als mystisches Doppelwesen anzusehen, und liegt für uns der tiefste Sinn und Werth seiner Werke.

Denn auch uns tönt ein erschütternder Doppelklang aus seinem Lachen entgegen: das Gelächter eines Irrenden – und das Lächeln eines Ueberwinders."

Und dazu passt eine schöne Selbstbeschreibung[323] Nietzsches in einem Brief an Carl Fuchs vom 29. Juli 1888, den man im Nachlass finden kann:

"Es ist durchaus nicht nöthig, nicht einmal erwünscht, Partei für mich zu nehmen: im Gegentheil, eine Dosis Neugierde, wie vor einem fremden Gewächs, mit einem ironischen Widerstande, schiene mir eine unvergleichlich intelligentere Stellung zu mir."

Der 2022 verstorbene französische Philosoph und Nietzschekenner Bruno Latour sieht Friedrich Nietzsche gar als einen Kirchenvater und Religionsstifter an. [324]

Da insbesondere die Apokalyptik nicht mehr ein ausschließlich theologisches Forschungsgebiet ist – ich habe es hier in meinem Buch wohl deutlich gemacht – steht die Apokalyptik hier für ein, je nach Standpunkt, höchst differenziertes Zukunftsszenario, das weitestgehend frei ist von jeglicher Transzendenz.[325]

Zum Schluß noch ein Text, der mir im September 2018 in den Sinn gekommen ist:

GLAUBENSBEKENNTNIS

Der "Instinktenhass", den Nietzsche beschreibt,

bringt uns davon weg, das Himmelreich

in uns selbst zu suchen.

Die Menschen haben ihren inneren Gott getötet.

Das Göttliche lebt trotzdem weiter.

Folge Deinen Instinkten, entwickle daraus

Deine eigene Religion.

Folge dem Wahren, Schönen und Guten!

Der Buddhismus macht es vor: Suche

Deinen Gott in Dir selbst...

Jürgen Staab im September 2018

Epilog

Es giebt im Geistigen keine Vernichtung...
F.N.
Fragmente Ende 1886 — Frühjahr 1887

Mein Buchtitel „Suche nach einer besseren Welt, oder: Nietzsche 2.0" lässt vermuten, dass Friedrich Nietzsche uns sehr viel zu sagen hatte, wie wir unsere Welt nachhaltiger und besser gestalten können. Aber vielleicht gibt es ja noch eine andere, bessere Welt da draußen im Universum, die uns Hoffnung gibt, dorthin irgendwann überzusiedeln.

So schrieb Carl Sagan einmal, dass alle Zivilisationen entweder die Raumfahrt entdecken oder aussterben werden.[326] Noch haben wir Zeit, bis die Erde in etwa sechs Milliarden Jahren ein feuriges Ende finden wird. In dieser Zeit – sollten wir die nächsten Generationen überstehen – ist es entscheidend, die Energiefrage dahingehend zu lösen, dass wir in die kalte Nachbarschaft aufbrechen können.

Warum sollte es keine anderen Planeten geben, die vor ein paar Milliarden entstanden, wie vielleicht auf der Erde, in warmen, flachen Tümpeln oder in der Nähe von heißen Quellen am Meeresboden die ersten Organismen herausgebildet haben?

Denn auch der Kohlenstoff in unseren Knochen, das Eisen in unserem Blut und der Sauerstoff, den wir atmen, ist Sternenstaub aus vergangenen Zeiten. So sind wir in den unendlichen Weiten des Universums durch und durch Teil des Ganzen. Wir bestehen aus antikem Sternenstaub.[327]

Teilt man die Erdgeschichte in 24 Stunden auf, gab es die ersten Lebensspuren ab circa 5 Uhr, oder vor etwa 3,5 Milliarden Jahren. Viel später, zwischen 22.40 Uhr und 23:40 Uhr, durchstreiften die Dinosaurier die Erde eine Stunde lang bevor dann der Homo sapiens ein paar Sekunden vor Mitternacht auf die Bühne trat (vor etwa 300.000 Jahren).[328]

Der 2018 verstorbene englische Astrophysiker Stephen Hawking bedient sich einer Insektenanalogie: Er vermutet, dass höherentwickelte Spezies von unserer Existenz wissen, andererseits aber nicht an einem Dialog interessiert seien und uns lieber „in unseren primitiven Säften schmoren" ließen. Und Hawking glaubt, dass der Besuch von Außerirdischen das Ende der Menschheit einleiten könnte, da sie tausendmal intelligenter und weiterentwickelter sind als wir und so mit Sicherheit auch als nomadenhafte Supermacht unsere Erde allein okkupieren und bewohnen wollen. Hawking: „Wir sollten uns davor hüten (auf Signale der Aliens[329]) zu antworten, wenigstens so lange, bis wir uns weiterentwickelt haben. Eine sehr fortgeschrittene Zivilisation zum jetzigen Zeitpunkt unserer Entwicklung zu kontaktieren, wäre ein wenig so, als würden wir als Ureinwohner Amerikas auf Kolumbus treffen. Ich glaube nicht, dass wir dann besser dran wären."[330]

Wir haben keine andere Welt zur Verfügung.

Daher sollten wir mit dem, was wir haben, sorgsamer umgehen.

Es sieht nicht danach aus.

„lost in space – we are all astronauts" ☺ [331]

Kurzinformation zum Autor:

Diplom-Volkswirt Jürgen Staab ist Unternehmensberater und Vorstand einer Energiegenossenschaft im Main-Kinzig-Kreis. Seit vielen Jahren beschäftigt er sich mit philosophischen Fragestellungen insbesondere rund um Friedrich Nietzsche.

Vita:

Abitur / Banklehre / Studium Volkswirtschaft / 1995 Dipl.-Volkswirt mit Prädikat, Diplomarbeit 1,0 / Tätigkeiten u.a. bei Andersen Consulting (jetzt Accenture) und PWC / seit 1999 freiberuflicher Unternehmensberater für klein- und mittelständische Unternehmen im Bereich Finanzierung und Fördermittel / seit 2010 Vorstand einer Energiegenossenschaft / von 2019 - 2024 Vorstand eines Energiegenossenschaftsverbands

Veröffentlichungen (chronologisch, Auswahl)

Staab, J., RestZEIT. Es ist 5 nach 12. 1. Auflage 2022, (365 Seiten)

Staab, J., Erneuerbare Energien in Kommunen: Energiegenossenschaften gründen, führen und beraten, Springer-Gabler-Verlag, 4. Auflage 2018, (300 Seiten)

Staab, J., Erneuerbare Energien in Kommunen: Energiegenossenschaften gründen, führen und beraten, Springer-Gabler-Verlag, 3. Auflage Oktober 2015, (250 Seiten)

Staab, J., Nachhaltig erfolgreich bleiben in KMU. Die 7 häufigsten Insolvenzgründe erkennen und vermeiden, Springer-Gabler-Verlag, Februar 2015, (192 Seiten)

Staab, J., Erneuerbare Energien in Kommunen: Energiegenossenschaften gründen, führen und beraten, Springer-Gabler-Verlag, 2. Auflage März 2013, (264 Seiten)

Staab, J., Erneuerbare Energien in Kommunen: Energiegenossenschaften gründen, führen und beraten, Gabler-Verlag, September 2011, (185 Seiten)

Staab, J., Finanzkommunikation mit Hilfe des Ratings, in: Achleitner, Prof. Dr. Dr. / Everling, Dr., Handbuch Ratingpraxis, Gabler-Verlag, Mai 2004

Staab, J., Finanzkommunikation mit Hilfe des Ratings, in: Achleitner, Prof. Dr. Dr. / Everling, Dr., Rating Advisory, Gabler-Verlag, September 2003

Staab, J., Guter Start für die GeckoLogic GmbH, hessen umwelttech news, 02/2003

Staab, J. / Everling, Dr. O., Rating durch die GDUR Mittelstands-Rating-AG, in: De Finanzierungs-Berater, Jahrgang 2002, Nr. 7

Staab, J., Cleveres Fahrtenbuch, in: Kinzigtal Nachrichten, 4. Februar 2002

Staab, J., Deutsche Aktien - Es geht auch aufwärts, in: Börse Online, Jahrgang 1998, Nr. 43

Staab, J., Sachsenring - Autozulieferer verzettelt sich in Randgeschäften, in: Börse Online, Jahrgang 1998, Nr. 42

Staab, J., Adidas - Sportschuhe machen das Rennen, in: Börse Online, Jahrgang 1998, Nr. 41

Staab, J., Öko-Consulting aus einer Hand, in: Börse Online, Jahrgang 1998, Nr. 36

Bild auf dem Cover (Vorderseite):

Die iranische Künstlerin Farzane Vaziritabar, 1987 geboren, lebt in Deutschland. Sie hat ein Diplom in Malerei an der Schule für Bildende Künste, einen Bachelor in Bildhauerei sowie einen Master in Kunstwissenschaften von der Universität Teheran. Ab 2018 studierte sie im Internationalen Masterstudiengang „Kunst im öffentlichen Raum und neue künstlerische Strategien" an der Bauhaus-Universität Weimar und schloss 2021 mit einem Master ab. Ihre Arbeit umfasst nicht nur ein breites Spektrum an Medien wie Skulpturen, Installationen, Video und Performance, sondern auch Cartoons und Zeichnungen. Sie hat ihre Werke weltweit in Einzel- und Gruppenausstellungen und öffentlichen Interventionen ausgestellt.

Für ihre Karikaturen erhielt sie zahlreiche Preise, 2019 im Rahmen des World Humor Awards Cartoon Contests in Italien, 2016 des Dutch Cartoon Festivals in den Niederlanden und 2014 des Aydin Dogan Cartoon Festivals in der Türkei.

[1] https://www.hadw-bw.de/forschung/forschungsstelle/nietzsche-kommentar/die-forschungsstelle, Zugriff am 10.11.2024

[2] Latour, Bruno, Das terrestrische Manifest, Suhrkamp Verlag Berlin 2018, S. 15

[3] Ebd., S. 15

[4] https://www.deutschlandfunk.de/muenchener-rueck-klimawandel-befeuert-naturkatastrophen-bilanz-100.html, Zugriff am 12.01.2025

[5] Michalski, Krzystof, Die Flamme der Ewigkeit, Eine existentielle Interpretation Nietzsches, Verlag Karl Alber, Baden-Baden 2022, S. 5

[6] Feyerabend, Paul, Wider den Methodenzwang, Suhrkamp Verlag, Frankfurt am Main 13. Auflage 2013

[7] Störig, Hans-Joachim, Kleine Weltgeschichte der Philosophie, Fischer Taschenbuch
Verlag, Frankfurt am Main, 7. Auflage 2013, S. 776

[8] Watson, Peter, Das Zeitalter des Nichts, Eine Ideen- und Kulturgeschichte von Friedrich Nietzsche bis Richard Dawkins, C. Bertelsmann Verlag, München 2016, S. 55, Übernahme aus: Kurt Breysig, „Gedenkrede an Friedrich Nietzsches Bahre", in: Die Zukunft 32, 8. September 1900, S. 413 ff., zitiert in Aschheim, op. cit., S. 23

[9] Gliederung angelehnt an: Staab, J., RestZEIT, Es ist 5 nach 12, TRIGA - Der Verlag, Gelnhausen, 1. Auflage 2022, S. 7

[10] Gefunden in: improve, Facebook-Zugriff am 6.12.18, 20.40 Uhr

[11] Meadows, Dennis, „Jeder Mensch hat die Wahl" (Interview), DIE ZEIT, 6. Oktober 2022, S. 31

[12] Ebd., S. 31

[13] Ebd., S. 31

[14] Reimer, N. / Staud, T., Deutschland 2050, Wie der Klimawandel unser Leben verändern wird, Verlag Kiepenheuer & Witsch, Köln 2021, S. 323

[15] Grefe, Christiane, Hungerstreit, DIE ZEIT Nr. 46, 10. November 2022, S. 32

[16] Ebd., S. 32

[17] Staab, J., RestZEIT, Es ist 5 nach 12, TRIGA - Der Verlag, Gelnhausen, 1. Auflage 2022, S. 40

[18] Smedley, Tim, Die grosse Trockenheit, Hitze, Dürre, Wassernot, Ludwig Verlag, München 2023

[19] Ebd., S. 52

[20] Ebd., S. 201

[21] https://www.dw.com/de/wieviel-wasser-steckt-in-einem-steak/a-52106500, abgerufen am 04. Mai 2024

[22] Smedley, Tim, Die grosse Trockenheit, Hitze, Dürre, Wassernot, Ludwig Verlag, München 2023, S. 249

[23] Welzer, Harald, - Klimakriege - Wofür im 21. Jahrhundert getötet wird, S. Fischer Verlag GmbH, Frankfurt/M 2008

[24] Buchter, Heike / Middelhoff, Paul, „Kann man Klimaschutz kaufen?", DIE ZEIT, 7. Dezember 2023, S. 15

[25] https://www.focus.de/finanzen/boerse/konjunktur/atom-kohle-gas-wind-solar-welche-stromart-uns-am-wenigsten-kostet_id_11658454.html, abgerufen am 04. Mai 2024

[26] Eckert, Gerhard, Drastische Umbrüche - ein unglaublicher Wandel des Lebens im Vogelsberg und zwei Energiewenden, die konträrer nicht sein konnten, Books on Demand, Norderstedt 2021, S. 120

[27] Ebd., S. 120

[28] Ebd., S. 121

[29] Ebd., S. 126

[30] https://www.zeit.de/wirtschaft/2023-04/finnland-atomkraft-reaktor-olkiluoto-3, abgerufen am 06. Mai 2024

[31] Kemfert, Claudia, Schockwellen, letzte Chance für sichere Energien und Frieden, Campus Verlag GmbH, Frankfurt am Main 2023, S. 174

[32] Reimer, Nick / Staud, Toralf, Deutschland 2050, Wie der Klimawandel unser Leben verändern wird, Verlag Kiepenheuer & Witsch, Köln 2021, S. 322 ff.

[33] Otto, Friedrike, Klimaungerechtigkeit, Was die Klimakatastrophe mit Kapitalismus, Rassismus und Sexismus zu tun hat, Ullstein Buchverlage GmbH, Berlin 2023, Klappentext

[34] Ebd., S. 12

[35] Ebd., S. 18 - 19

[36] Ebd., S. 22 - 23

[37] Ebd., S. 64

[38] Backhaus, Anne, Verbrechen gegen die Natur, DIE ZEIT, 26. Oktober 2023, S. 37

[39] Ebd., S. 37

[40] Ebd., S. 37

[41] https://www.google.com/search?client=firefox-b-e&q=albert+einstein+bienen, abgerufen am 04. Mai 2024

[42] Goulson, Dave, Stumme Erde, warum wir die Insekten retten müssen, Carl Hanser Verlag GmbH & Co. KG, München 2022, S. 11

[43] Ebd., S. 12

[44] Glaubrecht, Matthias, Das Ende der Evolution, Der Mensch und die Vernichtung der Arten, C. Bertelsmann Verlag München 2019, S. 33 - 34

[45] Ebd., S. 71 - 74

[46] Ebd., S. 75 - 78

[47] Ebd., S. 94

[48] Ebd., S. 110 - 120

[49] Störig, Hans-Joachim, Kleine Weltgeschichte der Philosophie, Fischer Taschenbuch
Verlag, Frankfurt am Main, 7. Auflage 2013, S. 690

[50] Ebd., S. 690

[51] Staab, J., RestZEIT, Es ist 5 nach 12, TRIGA - Der Verlag, Gelnhausen, 1. Auflage 2022, S. 45 - 47

[52] Habekuss, Fritz / Probst, Maximilian / Schmitt, Stefan, was vom Plastik in die Luft geht, DIE ZEIT, 25. April 2024, S. 28

[53] Reissner, Caroline / Willmann, Urs, das bleibt!, DIE ZEIT, 8. Mai 2024, S. 40

[54] https://www.wiwo.de/unternehmen/industrie/dekarbonisierung-klimakiller-beton-diese-6-grafiken-zeigen-das-co2-problem-der-zementindustrie/29431338.html, abgerufen am 13. Mai 2024

[55] Staab, J., RestZEIT, Es ist 5 nach 12, TRIGA - Der Verlag, Gelnhausen, 1. Auflage 2022, S. 59

[56] Staab, J., RestZEIT, Es ist 5 nach 12, TRIGA - Der Verlag, Gelnhausen, 1. Auflage 2022, S. 79

[57] Werner, G./Weik, M./Friedrich, M.: Sonst knallt's. Warum wir Wirtschaft
 und Politikradikal neu denken müssen. Eichborn-Verlag in der Bastei Lübbe
 AG, Köln 2017, S. 119

[58] Höffe, Otfried, die hohe Kunst des Verzichts, kleine Philosophie der Selbstbeschränkung, Verlag C.H.Beck oHG, München 2023, S. 139 - 141

[59] Emmott, S.: Zehn Milliarden, Suhrkamp Verlag Berlin 2013, S. 143

[60] Staab, J., RestZEIT, Es ist 5 nach 12, TRIGA - Der Verlag, Gelnhausen, 1. Auflage 2022, S. 87 - 88

[61] Emmott, S.: Zehn Milliarden, Suhrkamp Verlag Berlin 2013, S. 72

[62] Staab, J., RestZEIT, Es ist 5 nach 12, TRIGA - Der Verlag, Gelnhausen, 1. Auflage 2022, S. 94 - 95

[63] https://gutezitate.com/autor/konrad-zuse#google_vignette, abgerufen am 16. Mai 2024

[64] Schnabel, Ulrich, unsere neue Denkaufgabe, DIE ZEIT, 17. Mai 2023, S. 31

[65] Ebd., S. 31

[66] Wolfangel, Eva, Datendiebe steigen ein, DIE ZEIT, 4. November 2021, S. 36

[67] „Zwei Seiten einer Medaille", Behörden Spiegel, Mai 2024, S. 45

[68] https://www.nzz.ch/international/wuetender-trump-wollte-am-6-januar-unbedingt-mit-dem-mob-zum-kongress-ich-bin-der-verdammte-praesident-bringt-mich-zum-capitol-ld.1691195, abgerufen am 18. Mai 2024

[69] Geiselberger, Heinrich, Die große Regression, Suhrkamp Verlag, Berlin 2017

[70] https://www.faz.net/aktuell/wirtschaft/unternehmen/treffen-mit-alice-weidel-fuehrt-zu-ruecktritt-im-imperium-von-theo-mueller-19610902.html, abgerufen am 18. Mai 2024

[71] https://www.tagesschau.de/investigativ/afd-krah-china-spionage-durchsuchung-100.html, abgerufen am 18. Mai 2024

[72] Staab, J., RestZEIT, Es ist 5 nach 12, TRIGA - Der Verlag, Gelnhausen, 1. Auflage 2022, S. 121

[73] Ebd., S. 125 - 126

[74] Dreyer, Malu (Interview), DIE ZEIT, 28. Dezember 2023, S. 2

[75] Habeck, Robert, DIE ZEIT, 11. April 2024, S. 45

[76] Beck, Henning, 12 Gesetze der Dummheit, Denkfehler, die vernünftige Entscheidungen in der Politik und bei uns allen verhindern, Ullstein Buchverlage GmbH, Berlin 2023, S. 62 - 63

[77] Staab, J., RestZEIT, Es ist 5 nach 12, TRIGA - Der Verlag, Gelnhausen, 1. Auflage 2022, S. 160 - 161

[78] Ebd., S. 161

[79] Ebd., S. 178

[80] Abdel-Samad, Hamed, der islamische Faschismus, eine Analyse, Droemer Verlag, 2014, S. 19

[81] Staab, J., RestZEIT, Es ist 5 nach 12, TRIGA - Der Verlag, Gelnhausen, 1. Auflage 2022, S. 184

[82] Ebd., S. 190 - 191

[83] Russell, Luke, das Böse, eine philosophische Spurensuche, Philipp Reclam jun. Verlag GmbH, Ditzingen, 2023, S. 59

[84] Moses, A. Dirk, Gedenkt endlich auch der Opfer kolonialer Gräueltaten!, DIE ZEIT, 15. Juli 2021, S. 50

[85] Russell, Luke, das Böse, eine philosophische Spurensuche, Philipp Reclam jun. Verlag GmbH, Ditzingen, 2023, S. 84 ff.

[86] Ebd., S. 85 - 89

[87] Staab, J., RestZEIT, Es ist 5 nach 12, TRIGA - Der Verlag, Gelnhausen, 1. Auflage 2022, S. 198 - 201

[88] Ebd., S. 202

[89] Beck, Henning, 12 Gesetze der Dummheit, Denkfehler, die vernünftige Entscheidungen in der Politik und bei uns allen verhindern, Ullstein Buchverlage GmbH, Berlin 2023, S. 46 - 47

[90] Staab, J., RestZEIT, Es ist 5 nach 12, TRIGA - Der Verlag, Gelnhausen, 1. Auflage 2022, S. 207 - 209

[91] Merkel, Christina, Affen mit IQ, Süddeutsche Zeitung, 20./21. Juni 2009

[92] Kullmann, K, Die Kraft der Stillen, DER SPIEGEL 34/2012, S. 103-105

[93] Ebd., S. 105 - 107

[94] Reinsch, Ina, Kommen wir zur Sache, Süddeutsche Zeitung, 28./29. November 2015, S. 65

[95] Staab, J., RestZEIT, Es ist 5 nach 12, TRIGA - Der Verlag, Gelnhausen, 1. Auflage 2022, S. 218 - 219

[96] Lackner, M, Talent-Management spezial, Hochbegabte, Forscher, Künstler… erfolgreich führen, Gabler-Verlag, Wiesbaden 2012, S. 285 ff.

[97] Bleuel, Nataly / Heinen, Nike / Stelzer, Tanja, wir waren mal schlauer, DIE ZEIT, 28. März 2019, S. 13 - 14

[98] Ebd., S. 14

[99] https://www.oxfam.de/ueber-uns/publikationen/bericht-soziale-ungleichheit-2024, abgerufen am 04. Juni 2024

[100] Staab, J., RestZEIT, Es ist 5 nach 12, TRIGA - Der Verlag, Gelnhausen, 1. Auflage 2022, S. 241

[101] Höffe, Otfried, die hohe Kunst des Verzichts, kleine Philosophie der Selbstbeschränkung, Verlag C.H.Beck oHG, München 2023, S. 102 ff.

[102] Ebd., S. 103 - 104

[103] König, Siegfried, Philosophie kompakt, Nürnberg 2016, S. 148

[104] Berners-Lee, M, Es gibt keinen Planet B, Midas Management Verlag AG, 2020, S. 160

[105] Schröder, M, Was macht mich zufrieden?, Spektrum der Wissenschaft, Gehirn&Geist Dossier, 5/2021, S. 14

[106] Spektrum der Wissenschaft, Gehirn & Geist Dossier, Wie wir leben wollen, S. 8

[107] Völpel, S, Die Jungbrunnen-Formel, Wie wir bis ins hohe Alter gesund bleiben, Rowohlt Taschenbuch Verlag, Hamburg 2020, S. 237

[108] Staab, J., RestZEIT, Es ist 5 nach 12, TRIGA - Der Verlag, Gelnhausen, 1. Auflage 2022, S. 256 - 258

[109] Hasler, G, Die Darm-Hirn-Connection, J. G. Cotta'sche Buchhandlung Nachfolger GmbH, Stuttgart, 2019, S. V-XX

[110] Kast, B, Der Ernährungskompass, Das Fazit aller wissenschaftlicher Studien zum Thema Ernährung, C. Bertelsmann Verlag, München 21. Auflage 2018, S. 285-292

[111] https://www.zeit.de/wissen/gesundheit/2018-09/bewegung-sport-gesundheit-deutschland-studie, Zugriff am 09.01.2022

[112] Staab, J., RestZEIT, Es ist 5 nach 12, TRIGA - Der Verlag, Gelnhausen, 1. Auflage 2022, S. 274

[113] Emcke, Carolin, Gegen den Hass, Fischer Verlag GmbH, Frankfurt/M 2016, S. 15-17

[114] Ebd., S. 17 - 24

[115] Ebd., S. 25 - 26

[116] Interview mit Katja Diehl und Stepahn Grünewald, chrismon, das evangelische Magazin, Frankfurt am Main, 04-2024, S. 20 - 23

[117] Oreskes, N. / Conway, E. M., Die Machiavellis der Wissenschaft, Das
Netzwerk des Leugnens, WILEY-VCH Verlag, 2015, S. XI

[118] Staab, J., RestZEIT, Es ist 5 nach 12, TRIGA - Der Verlag, Gelnhausen, 1. Auflage 2022, S. 287

[119] Huesmann, F, Leugnen, bis die Erde brennt, GNZ, 14. Dezember 2021, S. 2-3

[120] Ebd., S. 2

[121] Ebd., S. 2 - 3

[122] Ebd., S. 3

[123] Ebd., S. 3

[124] Neymeyr, Barbara / Sommer, Andreas Urs (Hrsg.), Nietzsche als Philosoph der Moderne, Universitätsverlag WINTER, Heidelberg, 2012

[125] Poller, Horst, Die Philosophen und ihre Kerngedanken. Ein geschichtlicher Überblick, Olzog Verlag, München 2007, S. 326

[126] Stiftung Weimarer Klassik, Friedrich Nietzsche, Chronik in Bildern und Texten, Carl Hanser Verlag, München-Wien, 2000, S. 9

[127] Staab, J., RestZEIT, Es ist 5 nach 12, TRIGA - Der Verlag, Gelnhausen, 1. Auflage 2022, S. 302

[128] Weischedel, W, Die philosophische Hintertreppe, Die großen Philosophen in Alltag und Denken, Deutscher Taschenbuch Verlag GmbH & Co. KG, München 2007, S. 257

[129] Ebd., S. 258 - 259

[130] Ebd., S. 259

[131] Störig, H-J, Kleine Weltgeschichte der Philosophie, Fischer Taschenbuch
Verlag, Frankfurt am Main, 7. Auflage 2013, S. 604

[132] Ebd., S. 604

[133] Ebd., S. 604 - 605

[134] Nietzsche, F, Menschliches, Allzumenschliches I und II, Kritische Studienausgabe, herausgegeben von Giorgio Colli und Mazzino Montinari, dtv/de Gruyter, München/Berlin/New York, 2. Auflage 1967-77 und 1988, S. 59

[135] Ebd., S. 59

[136] Gerhardt, V, Friedrich Nietzsche, Verlag C. H. Beck oHG, München 1992, S. 125

[137] Ebd., S. 125

[138] Ebd., S. 125 - 126

[139] Ebd., S. 128

[140] Ebd., S. 128 – 129

[141] Safranski, Rüdiger, Das Böse oder Das Drama der Freiheit, Fischer Taschenbuch, Frankfurt am Main, Februar 1999, S. 34

[142] Nietzsche, Friedrich, Ecce Homo, „Warum ich so klug bin": § 9., Text runtergeladen aus nietzschesource.org/#eKGWB/EH-Klug-9 am 01. November 2024

[143] Sommer, Andreas Urs, Nietzsche-Kommentar Band 6/2, Verlag Walter de Gruyter GmbH, Berlin/Boston, S. 438

[144] Nietzsche, Friedrich, Jenseits von Gut und Böse, Sämtliche Werke, Kritische Studienausgabe (KSA) in 15 Bänden, herausgegeben von Giorgio Colli und Mazzino Montinari, Deutscher Taschenbuch Verlag und de Gruyter, München 1980, S. 88

[145] Nietzsche, Friedrich, Jenseits Die fröhliche Wissenschaft, Sämtliche Werke, Kritische Studienausgabe (KSA) in 15 Bänden, herausgegeben von Giorgio Colli und Mazzino Montinari, Deutscher Taschenbuch Verlag und de Gruyter, München 1980, S. 560 und Sommer, Andreas Urs, Nietzsche-Kommentar Band 6/2, Verlag Walter de Gruyter GmbH, Berlin/Boston, S. 438

[146] Sommer, Andreas Urs, Nietzsche-Kommentar Band 6/2, Verlag Walter de Gruyter GmbH, Berlin/Boston, S. 439

[147] Ebd., S. 439

[148] Ebd., S. 440 - 441

[149] Ottmann, H (Hrsg.), Nietzsche Handbuch, Leben-Werk-Wirkung, Verlag J. B. Metzler, Stuttgart/Weimar 2000, S. 187 - 189

[150] Ebd., S. 189

[151] Weischedel, W, Die philosophische Hintertreppe, Die großen Philosophen in Alltag und Denken, Deutscher Taschenbuch Verlag GmbH & Co. KG, München 2007, S. 259 – 260

[152] Müller, Enrico, Nietzsche-Lexikon, Wilhelm-Fink Verlag, Paderborn 2020, S. 243 – 245

[153] Safranski, Rüdiger, Nietzsche, Spiegel-Verlag, Hamburg 2006/2007, S. 288 ff.

[154] Nietzsche, Friedrich, Also sprach Zarathustra, Sämtliche Werke, Kritische Studienausgabe (KSA) in 15 Bänden, herausgegeben von Giorgio Colli und Mazzino Montinari, Deutscher Taschenbuch Verlag und de Gruyter, München 1980, S. 147

[155] Safranski, Rüdiger, Nietzsche, Spiegel-Verlag, Hamburg 2006/2007, S. 289

[156] Nietzsche, Friedrich, Also sprach Zarathustra, Sämtliche Werke, Kritische Studienausgabe (KSA) in 15 Bänden, herausgegeben von Giorgio Colli und Mazzino Montinari, Deutscher Taschenbuch Verlag und de Gruyter, München 1980, S. 146

[157] Grätz, Katharina, Nietzsche-Kommentar, Also sprach Zarathustra I und II, Verlag Walter de Gruyter GmbH, Berlin/Boston, S. 655

[158] Ich nehme mir hiermit die Freiheit zu behaupten, dass Friedrich Nietzsche hier im Namen Zarathustras wichtige

Lehrbotschaften weitergeben will. Damit verkürze ich eine Diskussion über die Frage: Wer war Zarathustra?, die viele Bände von Sekundärliteratur füllt...

Der Zoroastrismus ist eine alte iranische monotheistische Religion, und Zarathustra war wohl der erste Religionsgründer überhaupt.

Im Zoroastrismus spielt die Selbstverantwortung des Menschen im Rahmen eines sich in ethischen Qualitäten äußernden kosmischen Dualismus die Hauptrolle. Vermutlich hat Nietzsche diese Religion bewusst gewählt, da auch er zum Beispiel mit dem Übermenschenkonzept oder auch der Ewigen Wiederkehr an die Selbstverantwortung des Menschen appelliert. Davon mehr im nächsten Kapitel Nietzsche 2.0.

[159] Nietzsche, Friedrich, Also sprach Zarathustra, Sämtliche Werke, Kritische Studienausgabe (KSA) in 15 Bänden, herausgegeben von Giorgio Colli und Mazzino Montinari, Deutscher Taschenbuch Verlag und de Gruyter, München 1980, S. 146

[160] Grätz, Katharina, Nietzsche-Kommentar, Also sprach Zarathustra I und II, Verlag Walter de Gruyter GmbH, Berlin/Boston, S. 667

[161] Gerhardt, Volker, Friedrich Nietzsche, Verlag C. H. Beck oHG, München 1992, S. 186 - 193

[162] Dieser Spruch ist zwar in das Allgemeingut eingegangen und man hat Nietzsche meiner Meinung nach zu Unrecht der Misogynie gescholten. Denn diesen Spruch lässt er im ersten Teil des „Zarathustra" von einem „alten Weiblein" sagen. Und wenn man sich das berühmte Bild von den befreundeten Männern Paul Rée und Friedrich Nietzsche ansieht, als diese, wie Pferde vor einem Wagen stehen und von der gemeinsamen Freundin Lou Andréas Salome mit der Peitsche angetrieben werden, erkennt man den Schalk im Nacken Nietzsches. Das trifft außerdem auch für die im Text vorne nicht erwähnte Tatsache zu, dass Nietzsches Schwester ein Buch mit dem

Titel „Der Wille zur Macht" herausgegeben hat, das aus dem Nachlass nahezu willkürlich zusammengestellt wurde. Nietzsche war da schon lange geistig umnachtet und hätte diese Machenschaften, wenn er noch gekonnt hätte, sicher unterbunden. Dieses Machwerk fand dann Eingang in die kruden Theorien der Nationalsozialisten. Somit war Friedrich in eine geistige Ecke verbannt worden, aus der sich sein Ruf nie richtig – zumindest im Denken der Bevölkerung wieder erholen konnte. Denn Nietzsche war ein ausgewiesener Anti-Antisemit. Und er hat seinen Schwager, den Mann seiner Schwester Elisabeth Förster-Nietzsche, Dr. Bernhard Förster, verachtet. Denn Förster war ein ausgewiesener Antisemit und hat sicherlich sein Gedankengut auch in großen Teilen auf seine Frau übertragen.

[163] Beide Begriffe werden in der englischsprachigen Literatur verwandt. So zum Beispiel bei: Del Caro, Adrian, Grounding the Nietzsche Rhetoric of Earth, Verlag Walter de Gruyter GmbH & Co. KG, Berlin 2004, S. IX

[164] Prideaux, S, Ich bin Dynamit, Das Leben des Friedrich Nietzsche, Klett-Cotta Verlag, Stuttgart 2020, S. 298

[165] Müller, Enrico, Nietzsche-Lexikon, Wilhelm-Fink Verlag, Paderborn 2020, S. 235

[166] Gerhardt, Volker, Friedrich Nietzsche, Verlag C. H. Beck oHG, München 1992, S. 180

[167] Ebd., S. 181

[168] Ebd., S. 181

[169] Ebd., S. 181

[170] Philosophie Magazin, Sonderausgabe 08, Gespräch mit Stefan Lorenz Sorgner, Philomagazin Verlag GmbH, Juni 2017, S. 116

[171] Ebd., S. 117

[172] Gerhardt, Volker, Friedrich Nietzsche, Verlag C. H. Beck oHG, München 1992, S. 194 - 195

[173] Ebd., S. 201

[174] Ebd., S. 202

[175] Nietzsche, Friedrich, Die fröhliche Wissenschaft: § 125., Text runtergeladen aus nietzschesource.org/#eKGWB/FW-125 am 28. August 2024

[176] Kaufmann, Sebastian, Nietzsche-Kommentar Band 3/2.1, Verlag Walter de Gruyter GmbH, Berlin/Boston, S. 845

[177] Ottmann, H (Hrsg.), Nietzsche Handbuch, Leben-Werk-Wirkung, Verlag J. B. Metzler, Stuttgart/Weimar 2000, S. 235

[178] Weischedel, W, Die philosophische Hintertreppe, Die großen Philosophen in Alltag und Denken, Deutscher Taschenbuch Verlag GmbH & Co. KG, München 2007, S. 261 - 262

[179] Ebd., S. 262

[180] Ebd., S. 262 - 263

[181] Miller, Alice, Der gemiedene Schlüssel, Suhrkamp Verlag, Frankfurt am Main 1988, S. 42

[182] Ebd., S. 13 - 14

[183] Ebd., S. 25

[184] Ebd., S. 30

[185] Ebd., S. 31

[186] Ebd., S. 52

[187] Ebd., S. 78

[188] Türcke, Christoph, Der tolle Mensch, Nietzsche und der Wahnsinn der Vernunft, Fischer Taschenbuch Verlag GmbH, Frankfurt am Main, November 1989, S. 7 - 8 und Klappentext hinten

[189] Schopenhauer, Arthur, Die Kunst, glücklich zu sein, Dargestellt in fünfzig Lebensregeln, herausgegeben von Franco Volpi, Verlag C. H. Beck oHG, München, 7. Auflage 2018, S. 11 ff.

[190] Reckwitz, Andreas, Verlust, Ein Grundproblem der Moderne, Suhrkamp Verlag AG, Berlin 2024

[191] Andreas-Salomé, Lou, Nietzsche in seinen Werken, Insel Verlag, Frankfurt am Main und Leipzig 2000, S. 300 - 301

[192] ChatGPT 40, Abfrage am 10.11.24

„Ich habe Nietzsche nur sehr zögerlich gelesen, um den Eindruck zu vermeiden, dass ich seine Gedanken nur kopiere. Doch ich habe den Eindruck, dass er eine Fülle von Dingen tief erkannt hat, denen ich in meiner eigenen Arbeit nachgehe."

Das oft zitierte Zitat, das Freud über seine Zurückhaltung beim Lesen Nietzsches aussagt, stammt nicht direkt aus seinen veröffentlichten Schriften, sondern spiegelt Freuds allgemeine Haltung wider, die in verschiedenen Briefen und Gesprächen dokumentiert wurde. Freud äußerte seine Bewunderung und Vorsicht gegenüber Nietzsche hauptsächlich in privaten Korrespondenzen und Berichten von Kollegen und Zeitgenossen.

Eine primäre Quelle für Freuds Sicht auf Nietzsche findet sich in seinem Briefwechsel und insbesondere in seinen Briefen an Wilhelm Fliess, wo er häufig über seine wissenschaftliche Arbeit und Einflüsse sprach. Weitere Hinweise dazu finden sich in Freuds biografischen Darstellungen, insbesondere in Ernest Jones' "The Life and Work of Sigmund Freud" sowie in Paul Roazen's "Freud and His Followers."
Freud erklärte in diesen Kontexten, dass er aus Sorge, durch Nietzsche beeinflusst zu werden, bewusst auf eine tiefergehende Auseinandersetzung mit dessen Werk verzichtete.

[193] Man kann m. E. davon ausgehen, dass Lou ihre Biografie über Nietzsche auch ihrem – platonischen – Freund Siegmund Freud zumindest gezeigt hat.

[194] Andreas-Salomé, Lou, Nietzsche in seinen Werken, Insel Verlag, Frankfurt am Main und Leipzig 2000, S. 193

[195] Grundsätzlich muss man bei den Quellenangaben von Andreas-Salomé folgenden Hinweis auf Seite 298 (Andreas-Salomé, Lou, Nietzsche in seinen Werken, Insel Verlag, Frankfurt am Main und Leipzig 2000) beachten, der mit Hilfe von Mazzino Montinari, Florenz, im Anhang erstellt wurde: „Es konnte nicht das Ziel von Lou Andreas-Salomé sein, eine auf philologischer Exaktheit basierende Darstellung Nietzsches zu geben. Ihre tiefe Kenntnis seiner Person und seines Denkens sprengte den Rahmen des Wort-Wörtlichen und führte mitunter zu einem recht freien Umgang mit seinen Zitaten, die manchmal reine Gedächtniszitate sind. So kann sich der Hinweis auf Abweichungen nicht als Kritk verstehen.“

[196] Ebd., S. 196

[197] Staab, J., RestZEIT, Es ist 5 nach 12, TRIGA - Der Verlag, Gelnhausen, 1. Auflage 2022, S. 303 - 304

[198] Damit ist das Werk „Jenseits von Gut und Böse“ gemeint. Mir geht es hier darum, dass Lou Andreas-Salomé sich

übrigens noch zu Lebzeiten Nietzsches mit dessen Werk befasst aber auch aus dem Gedächtnis, wie der berühmte Nietzsche-Philologe Montinari vermutet, wichtige Aussagen in ihrem Werk niedergelegt hat. Daher möchte ich auch Ihren Text weitgehend als Zitat in meinem Buch abbilden.

[199] Andreas-Salomé, Lou, Nietzsche in seinen Werken, Insel Verlag, Frankfurt am Main und Leipzig 2000, S. 199 - 200

[200] Staab, J., RestZEIT, Es ist 5 nach 12, TRIGA - Der Verlag, Gelnhausen, 1. Auflage 2022, S. 343

[201] Anmerkung des Verfassers

[202] Andreas-Salomé, Lou, Nietzsche in seinen Werken, Insel Verlag, Frankfurt am Main und Leipzig 2000, S. 205 - 206

[203] Ottmann, H (Hrsg.), Nietzsche Handbuch, Leben-Werk-Wirkung, Verlag J. B. Metzler, Stuttgart/Weimar 2000, S. 256 - 257

[204] Staab, J., RestZEIT, Es ist 5 nach 12, TRIGA - Der Verlag, Gelnhausen, 1. Auflage 2022, S. 303 - 304

[205] Ottmann, H (Hrsg.), Nietzsche Handbuch, Leben-Werk-Wirkung, Verlag J. B. Metzler, Stuttgart/Weimar 2000, S. 257

[206] Andreas-Salomé, Lou, Nietzsche in seinen Werken, Insel Verlag, Frankfurt am Main und Leipzig 2000, S. 205

[207] „Ich selber bin noch nicht an der Zeit, Einige werden posthum geboren." (Ecce homo), Anmerkung des Verfassers: Vielleicht ist die Wartezeit vorbei!? Friedrich Nietzsche schrieb ja, das man seine Schriften erst nach gut 100 Jahren verstehen wird.

[208] Andreas-Salomé, Lou, Nietzsche in seinen Werken, Insel Verlag, Frankfurt am Main und Leipzig 2000, S. 214 - 215

[209] Ebd., S. 227

[210] Sorgner, Stefan Lorenz, Übermensch, Plädoyer für einen Nietzeanischen Transhumanismus, S. 99

[211] Ebd., S. 106

[212] Sommer, Andreas Urs, Werte. Warum man sie braucht, obwohl es sie nicht gibt, J. B. Metzler Verlag GmbH, Stuttgart, 2016, S. 68

[213] Ebd., S. 143

[214] Ebd., S. 144

[215] Staab, J., RestZEIT, Es ist 5 nach 12, TRIGA - Der Verlag, Gelnhausen, 1. Auflage 2022, S. 210

[216] Anmerkungen des Verfassers: In diesen Wochen (November 2024), während ich das vorliegende Buch, ab Januar 2025 soll es erscheinen, schreibe, ist neben der Wahl von Donald Trump die deutsche Regierungskoalition zusammengebrochen. So weiß ich weder, ob die Werte in den USA noch die Werte in unserem Land so Bestand haben werden, wie ich sie seit Kindheit, ich bin jetzt im 57. Jahr, gewohnt war.

[217] Stephan, Paul, Links-Nietzscheanismus, Eine Einführung, Schmetterling Verlag GmbH, Stuttgart, 2020, Buchrückseite

[218] Ebd., S. 69

[219] Ebd., S. 118 - 120

[220] Peter Sloterdijk schreibt: "Unsere durchschnittlichen Gedanken und Gefühle sind allesamt *made in* USA, nicht *made in Sils-Maria*." (Sloterdijk, Peter, Über die Verbesserung der

guten Nachricht, Nietzsches fünftes „Evangelium", Suhrkamp Verlag, Frankfurt am Main 2001, S. 64

[221] Gaia = Anmerkung des Verfassers…

[222] Ebd., S. 122

[223] Rathgeb, Eberhardt, Die Entdeckung des Selbst, Wie Schopenhauer, Nietzsche und Kierkegaard die Philosophie revolutionierten, Karl Blessing Verlag, München, 2022, S. 257 ff.

[224] Sommer, Andreas Urs, Was bleibt von Nietzsches Philosophie?, Duncker & Humblot GmbH, Berlin 2018, S. 71

[225] Staab, J., Erneuerbare Energien in Kommunen: Energiegenossenschaften gründen, führen und beraten, Springer-Gabler-Verlag, 4. Auflage 2018, S. 240 - 241

[226] Nietzsche, Friedrich, Menschliches, Allzumenschliches, Ein Buch für freie Geister, Kritische Studienausgabe (KSA) in 15 Bänden, herausgegeben von Giorgio Colli und Mazzino Montinari, Deutscher Taschenbuch Verlag und de Gruyter, München 1980, S. 232 - 233

[227] Ebd., S. 293 - 294

[228] Skidelsky, R, Skidelsky, E, Wie viel ist genug? Vom Wachstumswahn zu einer Ökonomie des guten Lebens, Verlag Antje Kunstmann, München 2013, S. 295

[229] Reschke, Renate (Hrsg.), Nietzscheforschung, Jahrbuch der Nietzsche-Gesellschaft e. V., Band 21, Walter de Gruyter GmbH, Berlin/München/Boston, 2014, S. 37

[230] Staab, J., Erneuerbare Energien in Kommunen: Energiegenossenschaften gründen, führen und beraten, Springer-Gabler-Verlag, 4. Auflage 2018, S. 241

[231] Höffe, Otfried, Die hohe Kunst des Verzichts, Kleine Philosophie der Selbstbeschränkung, Verlag C.H.Beck oHG, München 2023, S. 55 - 59

[232] Nach Kants Manier muss die Abwandlung der Goldenen Regel in einer gedrechselten Sprache daherkommen, um der Philosophie zu genügen: „Handle nur nach derjenigen Maxime, durch die du zugleich wollen kannst, dass sie ein allgemeines Gesetz werde." (Quelle: https://korpora.org/kant/aa04/421.html, Zugriff am 13.11.2024)

[233] Deshalb bin ich kein „Kantianer". Nach Kant folgt alles aus der Vernunft. Dies beschreibt aber nicht den ganzen Menschen, wie ihn Friedrich Nietzsche später sieht. Und da ich gerne die ganze „Wahrheit" über den Menschen erfahren möchte, bin ich auch deswegen Nietzsche-Anhänger. Zumindest strebe ich danach... So sieht Nietzsche beispielsweise in der Feier des Dionysischen, die Bejahung des Lebens, die in der Lehre von der ewigen Wiederkehr des Gleichen ihren stärksten Ausdruck findet. Auch Aristoteles spricht von Glück, während Kant von der Pflicht ausgeht. Und Sokrates? Gilt nach Sloterdijk als „Kirchenvater" einer theoretischen Kirche, der als Erzdogmatiker auch die Menschenbesserung durch bloße Vernunft herbeiführen will. Mit ihm beginnt der Verfall des tragischen Bewusstseins und der Eintritt der Philosophie in das Zeitalter des „theoretischen Optimismus". Von Dionysos keine Spur. (Sloterdijk, Peter, Der Denker auf der Bühne, Suhrkamp Verlag, Frankfurt am Main 1986, S. 119). (Anmerkung des Verfassers.)

[234] Sommer, Andreas Urs, Was bleibt von Nietzsches Philosophie?, Duncker & Humblot GmbH, Berlin 2018, S. 76 - 77

[235] Ebd., S. 82 - 84

[236] Jonas, Hans, Das Prinzip Verantwortung, Versuch einer Ethik für die technologische Zivilisation, Insel Verklag

Frankfurt am Main 1979 und hier Suhrkamp Verlag Berlin 2020 (mit Nachwort von Robert Habeck), S. 274 - 275

[237] Nietzsche, Friedrich, Zur Genealogie der Moral, Felix Meiner Verlag, Hamburg 2013, S. 8 - 9

[238] Mok-Wendt, Christine, Ökosophie, Notwendigkeit einer philosophisch-ökologischen Lebenskunst, Wie ein ökosophes Leben aussehen könnte, Logos Verlag Berlin GmbH, 2022, S. 229 - 230

[239] Ebd., S. 30

[240] Staab, J., Erneuerbare Energien in Kommunen: Energiege-nossen-schaften gründen, führen und beraten, Springer-Gabler-Verlag, 4. Auflage 2018, S. 237

[241] Paech, Niko, Vortrag anlässlich der Fair Finance Week 2024 im Haus am Dom, Frankfurt am Main 08.11.2024, https://www.youtube.com/watch?v=12awMlZD3UA, Zugriff am 17.11.2024

[242] Mok-Wendt, Christine, Ökosophie, Notwendigkeit einer philosophisch-ökologischen Lebenskunst, Wie ein ökosophes Leben aussehen könnte, Logos Verlag Berlin GmbH, 2022, S. 235 - 237

[243] Ebd., S. 242 - 245

[244] Ebd., S. 252

[245] Ebd., S. 255 - 257

[246] Ebd., S. 259 - 263

[247] Ebd., S. 282 - 283

[248] Ulrich, Antonia, Vignette, in, Lemm, Vanessa, Ulrich, Antonia, (Hrsg.), Nietzsches Naturen, Verlag Walter de Gruyter GmbH, Berlin/Boston 2024, S. XIV

[249] Szews, Johann, Unendliches Wachstum? Nietzsche lesen im Anthropozän, in, Lemm, Vanessa, Ulrich, Antonia, (Hrsg.), Nietzsches Naturen, Verlag Walter de Gruyter GmbH, Berlin/Boston 2024, S. 37 ff., hier S. 43

[250] Nietzsche, Friedrich, Die fröhliche Wissenschaft, Aphorismus 124., nietzschesource.org, Zugriff am 19.11.24

[251] Szews, Johann, Unendliches Wachstum? Nietzsche lesen im Anthropozän, in, Lemm, Vanessa, Ulrich, Antonia, (Hrsg.), Nietzsches Naturen, Verlag Walter de Gruyter GmbH, Berlin/Boston 2024, S. 44

[252] Nietzsche, Friedrich, Ecce homo, Warum ich ein Schicksal bin 4-5, Kritische Studienausgabe (KSA) in 15 Bänden, herausgegeben von Giorgio Colli und Mazzino Montinari, Deutscher Taschenbuch Verlag und de Gruyter, München 1980, S. 369

[253] Szews, Johann, Unendliches Wachstum? Nietzsche lesen im Anthropozän, in, Lemm, Vanessa, Ulrich, Antonia, (Hrsg.), Nietzsches Naturen, Verlag Walter de Gruyter GmbH, Berlin/Boston 2024, S. 46

[254] Ebd., S. 47

[255] Ebd., S. 47 - 49

[256] Nietzsche, Friedrich, Also sprach Zarathustra, Band I, Tugend, Kritische Studienausgabe (KSA) in 15 Bänden, herausgegeben von Giorgio Colli und Mazzino Montinari, Deutscher Taschenbuch Verlag und de Gruyter, München 1980, S. 99

[257] Szews, Johann, Unendliches Wachstum? Nietzsche lesen im Anthropozän, in, Lemm, Vanessa, Ulrich, Antonia, (Hrsg.), Nietzsches Naturen, Verlag Walter de Gruyter GmbH, Berlin/Boston 2024, S. 49 - 50

[258] Ebd., S. 49

[259] Nietzsche, Friedrich, Die fröhliche Wissenschaft, Aphorismus 371, Kritische Studienausgabe (KSA) in 15 Bänden, herausgegeben von Giorgio Colli und Mazzino Montinari, Deutscher Taschenbuch Verlag und de Gruyter, München 1980, S. 623

[260] Szews, Johann, Unendliches Wachstum? Nietzsche lesen im Anthropozän, in, Lemm, Vanessa, Ulrich, Antonia, (Hrsg.), Nietzsches Naturen, Verlag Walter de Gruyter GmbH, Berlin/Boston 2024, S. 49 - 50

[261] Nietzsche, Friedrich, Jenseits von Gut und Böse, Aphorismus 230, Kritische Studienausgabe (KSA) in 15 Bänden, herausgegeben von Giorgio Colli und Mazzino Montinari, Deutscher Taschenbuch Verlag und de Gruyter, München 1980, S. 169

[262] Staab, J., RestZEIT, Es ist 5 nach 12, TRIGA - Der Verlag, Gelnhausen, 1. Auflage 2022, S. 335

[263] Nietzsche, Friedrich, Jenseits von Gut und Böse, Aphorismus 230, Kritische Studienausgabe (KSA) in 15 Bänden, herausgegeben von Giorgio Colli und Mazzino Montinari, Deutscher Taschenbuch Verlag und de Gruyter, München 1980, S. 169

[264] So zum Beispiel in: Döller, Marcus, Die Natur des Geistes – Noch einmal: Nietzsches Theorie des homo natura, in, Lemm, Vanessa, Ulrich, Antonia, (Hrsg.), Nietzsches Naturen, Verlag Walter de Gruyter GmbH, Berlin/Boston 2024, S. 147. Oder: Himmelmann, Beatrix, Natur, Wille zur Macht

und was über sie hinausweist, in, Lemm, Vanessa, Ulrich, Antonia, (Hrsg.), Nietzsches Naturen, Verlag Walter de Gruyter GmbH, Berlin/Boston 2024, S. 165 ff.

[265] Nietzsche, Friedrich, Der Antichrist, Nr. 11., Kritische Studienausgabe (KSA) in 15 Bänden, herausgegeben von Giorgio Colli und Mazzino Montinari, Deutscher Taschenbuch Verlag und de Gruyter, München 1980, S. 177 – 178, Text elektronisch aus nietzschesource.org, Abruf am 22.11.24

[266] Anmerkung des Verfassers: Ich habe die 11. komplett dargestellt, da hier auch Nietzsche ein wenig Kantkritik äußert, der ich gerne zustimme, im Sinne von: Auf die Frage "Was halten Sie von Kant?" antwortete Max Ernst: "Die Nacktheit der Frau ist weiser als die Lehre des Philosophen" (M. Ernst: Die Nacktheit der Frau ist weiser als die Lehre des Philosophen. Galerie der Spiegel: Köln 1970). Zitiert in: Günter Schulte: Vielleicht ist die Wahrheit ein Weib; Anmerkungen zur Philosophie des Patriarchats; Köln 1984.

[267] Nietzsche, Friedrich, Der Antichrist, 29., Kritische Studienausgabe (KSA) in 15 Bänden, herausgegeben von Giorgio Colli und Mazzino Montinari, Deutscher Taschenbuch Verlag und de Gruyter, München 1980, S. 200

[268] Himmelmann, Beatrix, Natur, Wille zur Macht und was über sie hinausweist, in, Lemm, Vanessa, Ulrich, Antonia, (Hrsg.), Nietzsches Naturen, Verlag Walter de Gruyter GmbH, Berlin/Boston 2024, S. 165 ff.

[269] Nietzsche, Friedrich, Der Antichrist, 32., Kritische Studienausgabe (KSA) in 15 Bänden, herausgegeben von Giorgio Colli und Mazzino Montinari, Deutscher Taschenbuch Verlag und de Gruyter, München 1980, S. 203

[270] Himmelmann, Beatrix, Natur, Wille zur Macht und was über sie hinausweist, in, Lemm, Vanessa, Ulrich, Antonia,

(Hrsg.), Nietzsches Naturen, Verlag Walter de Gruyter GmbH, Berlin/Boston 2024, S. 179

[271] Nietzsche, Friedrich, Der Antichrist, 35., Kritische Studienausgabe (KSA) in 15 Bänden, herausgegeben von Giorgio Colli und Mazzino Montinari, Deutscher Taschenbuch Verlag und de Gruyter, München 1980, S. 207, Text elektronisch aus nietzschesource.org am 23.11.24 runtergeladen

[272] Himmelmann, Beatrix, Natur, Wille zur Macht und was über sie hinausweist, in, Lemm, Vanessa, Ulrich, Antonia, (Hrsg.), Nietzsches Naturen, Verlag Walter de Gruyter GmbH, Berlin/Boston 2024, S. 179

[273] Nietzsche, Friedrich, Der Antichrist, 39., Kritische Studienausgabe (KSA) in 15 Bänden, herausgegeben von Giorgio Colli und Mazzino Montinari, Deutscher Taschenbuch Verlag und de Gruyter, München 1980, S. 211, Text elektronisch aus nietzschesource.org am 23.11.24 runtergeladen

[274] Himmelmann, Beatrix, Natur, Wille zur Macht und was über sie hinausweist, in, Lemm, Vanessa, Ulrich, Antonia, (Hrsg.), Nietzsches Naturen, Verlag Walter de Gruyter GmbH, Berlin/Boston 2024, S. 180

[275] Ebd., S. 181

[276] Del Caro, Adrian, Grounding the Nietzsche Rhetoric of Earth, Verlag Walter de Gruyter GmbH & Co. KG, Berlin 2004, S. X

[277] Pütz, Peter, Nachwort, in, Friedrich Nietzsche, Jenseits von Guit und Böse, Vorspiel einer Philosophie der Zukunft, Der Goldmann Verlag, 4. Auflage, München 11/89, S. 189 - 190

[278] https://wirtschaftslexikon.gabler.de/definition/kollapsologie-122706, Zugriff am 24.11.24

[279] Servigne, Pablo, Stevens, Raphaël, Wie alles zusammenbrechen kann, Handbuch der Kollapsologie, mandelbaum kritik & utopie, Wien Berlin 2022

[280] Ortoli, Sven im Gespräch mit Pablo Servigne, in, Philosophie Magazin, Klimakrise, Sonderausgabe, 16, Herbst/Winter 2020/2021, S. 85

[281] Ord, Toby, The Precipice, Existential Risk and the Future of Humanity, Bloomsbury Publishing, London Oxford New York New Delhi Sydney, 2020

[282] Ebd., S. 87

[283] Ebd., S. 167

[284] In den letzten Tagen hier im November 2024, während ich das Buch schreibe, geistert ein Bild durch die sozialen Netze, auf dem drei „Aliens" Bier – oder was auch immer – trinkend am Tresen sitzend über die sogenannten Erdlinge herziehen: „So they know how to make energy from the sun. But they're killing each other over oil? And they wonder why we don't contact them."

[285] Kaczynski, Ted, The Unabombers Manifesto, Industrial Society and its Future, oder auf Deutsch, Die industrielle Gesellschaft und ihre Zukunft, übersetzt von Georg Marr, printed in Polen. Beide Schriften sind im Netz bestellbar. Hier wörtliches Zitat auf S. 4/104 der deutschen Ausgabe

[286] Ebd., S. 17 - 21

[287] Ebd., S. 34

[288] Ebd., S. 42 - 46

[289] Ebd., S. 53 - 63

[290] Scheidler, Fabian, Das Ende der Megamaschine, Geschichte einer scheiternden Zivilisation, Promedia Verlag, Wien 11. Auflage 2021

[291] Goebel, Olof, Vortrag: Warum wir den Klimawandel nicht mehr stoppen, sondern nur noch verlangsamen können, Hochschule Hamm-Lippstadt, Youtube, abgerufen 9.10.2024

[292] Emmott, Stephen, Zehn Milliarden, Suhrkamp Verlag Berlin 2013, 203 - 204

[293] Staab, J., RestZEIT, Es ist 5 nach 12, TRIGA - Der Verlag, Gelnhausen, 1. Auflage 2022, S. 316 ff.

[294] Sloterdijk, Peter, Du mußt dein Leben ändern, Über Anthropotechnik, Suhrkamp Verlag Frankfurt am Main 2009, S. 708

[295] Prideaux, S, Ich bin Dynamit, Das Leben des Friedrich Nietzsche, Klett-Cotta Verlag, Stuttgart 2020, S. 484

[296] Angelehnt an: Schätzing, F, Was, wenn wir einfach die Welt retten? Handeln in der Klimakrise, Verlag Kiepenheuer & Witsch, Köln 2021, S. 281

[297] Ebd., S. 285

[298] Ebd., S. 285

[299] Ebd., S. 297-298

[300] Emmott, S, Zehn Milliarden, Suhrkamp Verlag Berlin 2013, S. 202

[301] Schmidt-Bleek, F, Grüne Lügen, Nichts für die Umwelt, alles fürs Geschäft - wie Politik und Wirtschaft die Welt zugrunde richten, S. 215

[302] Ebd., S. 216 - 217

[303] Gates, B, How to avoid a climate disaster, The solutions we have and the breakthroughs we need, Penguin Random House Dublin 2021, S. 219

[304] Scheidler, Fabian, Das Ende der Megamaschine, Geschichte einer scheiternden Zivilisation, Promedia Verlag, Wien 11. Auflage 2021, S. 205

[305] Höffe, Otfried, die hohe Kunst des Verzichts, kleine Philosophie der Selbstbeschränkung, Verlag C.H.Beck oHG, München 2023, S. 173

[306] Ebd., S. 172 - 173

[307] Kermani, Navid, Musk gegen die Demokratie, DIE ZEIT, Nr. 55, 24. Dezember 2024, S. 4

[308] Ebd., S. 4

[309] Ebd., S. 4

[310] Ergänzung von mir.

[311] Ebd., S. 4

[312] Reckwitz, Andreas, Verlust, Ein Grundproblem der Moderne, Suhrkamp Verlag AG, Berlin 2024, S. 410 - 417

[313] Ebd., S. 417 - 424

[314] Staab, Philipp, Anpassung, Leitmotiv der nächsten Gesellschaft, Suhrkamp Verlag AG, Berlin 2022, S. 2

[315] Angelehnt an: Kemfert, Claudia, Das Fossile Imperium schlägt zurück. Warum wir die

Energiewende jetzt verteidigen müssen, Murmann Publishers, Hamburg 2017, S. 139 - 143

[316] Angelehnt an den Inhalt der Workshopbroschüre (www.schader-stiftung.de)

[317] Nehberg, Rüdiger, Überleben ums Verrecken, Das Survival-Handbuch, Piper Verlag GmbH, München 2002, S. 2

[318] Krupa, Matthias / Lau, Jörg, Braucht Europa die Bombe?, DIE ZEIT, Nr. 8, 15. Februar 2024, S. 5

[319] Interview mit Joschka Fischer, DIE ZEIT, Nr. 11, 7. März 2024, S. 4

[320] Ebd., S. 4

[321] Machiavelli, Niccolo, Der Fürst, Philipp Reclam jun., Stuttgart 1961

[322] Andreas-Salomé, Lou, Nietzsche in seinen Werken, Insel Verlag, Frankfurt am Main und Leipzig 2000, S. 296

[323] Das Zitat habe ich schon einmal in Kapitel 4 gebracht, meines Erachtens ist es aber von Wert, noch einmal dargestellt zu werden.

[324] https://www.philomag.de/artikel/bruno-latour-eine-wahrheit-festzuschreiben-hat-seinen-preis, Zugriff am 05.11.2024

[325] Schneemelcher, Wilhelm Peter, Zwischen Apokalyptik und Gnosis, Untersuchungen zu gnostischen Apokalypsen aus Nag Hammadi, Verlag Norbert M. Borengässer, Bonn 2006, S. 6 - 7

[326] Kaltenegger, Lisa, Alien Earths, Auf der Suche nach neuen Planeten und ausserirdischem Leben, Droemer Verlag, München 2024, S. 78

[327] Ebd., S. 74

[328] Ebd., S. 122 – 123

[329] Anmerkung des Verfassers

[330] Lesch, Harald / Zaun, Harald, Die unheimliche Stille, Warum schweigen außerirdische Intelligenzen und Superzivilisationen?, Verlag Herder GmbH, Freiburg im Breisgau 2023, S. 159

[331] Staab, J., RestZEIT, Es ist 5 nach 12, TRIGA - Der Verlag, Gelnhausen, 1. Auflage 2022, S. 343